马超骏/编译

国学经典500句

上海社会科学院出版社

前　言

人类从远古走来,走出混沌,走过蒙昧,逐渐积累思考,积累创造,终于走到了一个特定的历史阶段,迎来人类文明的初始辉煌。

在经历了史前和古代文明之后,在公元前800至公元前200年之间的这一时期,在中国、印度和西方,这三个"互不知晓"的地区,人类进入了世界历史的第一"轴心时期"(雅斯贝斯语),开始有了进行历史理解的普遍框架,对宇宙的本质发生了一种理性的认识,对人类处境及其基本意义获得了新的理解。[1]

及至近代,"人类一直靠轴心时期所产生的思考和创造的一切而生存,每一次新的飞跃,都回顾这一时期,并

---

[1] 陈来:《古代宗教与伦理》,生活·读书·新知三联书店2009年版。

被它重燃火焰"①。

这一时期,"在中国,孔子和老子非常活跃,中国所有的哲学流派,包括墨子、庄子、列子和诸子百家都出现了"②。

进入公元前5世纪,春秋末期,领主的宗法制度已走向崩溃,世秉国政的公族已越来越腐朽和无能,平民阶层开始登上历史舞台,"出身于较低层贵族的士,开始在政治、文化方面发挥日益重要的作用"③。由于社会结构的巨变,思想学术界呈现出百花怒放的奇观。"这些怒放的百花,好像生长在火山灰上一样,火山爆发时的震撼,固然惊天动地,甚至造成大量伤害,但它喷出的火山灰,却是世界上最肥沃的土壤。"④中国所有的古哲学思想和文化创造,因此而在这个时代萌芽成长。

孔子(公元前551—前479年),名丘,字仲尼,伟大的思想家和教育家。他所创立的儒家学派影响极其深远,儒家思想成为中国两千年封建社会的主流思想。孔子将中国最早典籍中的五部《诗》、《书》、《礼》、《易》、《春秋》进行整理删定,这就是后来儒家的"五经";孔子的学生又将他一生的主要言行编入《论语》一书,加上《孟子》,和从

---

① ② [德]卡尔·雅斯贝斯:《历史的起源与目标》,华夏出版社1989年版。
③ 翦伯赞主编:《中国史纲要》,北京大学出版社2006年版。
④ 柏杨:《中国人史纲》,同心出版社2005年版。

《礼记》中摘出的两个章节《大学》、《中庸》,即是后世所称的"四书"。

在孔子的哲学体系中,"仁"的思想是核心部分。他主张"仁者爱人",主张用"礼"来规范人的行为准则;在政治观点方面,他主张"节用而爱人,使民以时",提倡"为政以德"。孔子一生教出了许多有才干的学生,他"学而不厌,诲人不倦",倡导"知之为知之,不知为不知"的学风,本着"有教无类"的精神,使许多出身并不高贵的人也可获得文化知识。对于战国时期学术文化和教育的发达,孔子起到了开风气之先的作用。

儒家的代表人物还有孟子和荀子。孟子(公元前372—前289年),名轲,是战国中期儒家学派的大师,后人以孔子为"圣人",尊孟子为"亚圣"。孟子一生以教书为主,也曾游历宋、魏(梁)、齐等国,向国君或者执政者阐述他的政治主张。著有《孟子》一书,主要发挥孔子的学说,以"义"为理论核心。荀子(公元前313—前238年),名况,时人尊称"荀卿"。荀子学识渊博,他批判各家,又汲取各家之长,是战国末期儒家最有影响的人物。

老子(公元前574—前460年),约与孔子同时或略早于孔子。一说即老聃,姓李名耳,楚国苦县(今河南鹿邑)人,在周都洛邑(今洛阳)担任过图书管理员(守藏室之史),孔子曾向他"问礼"。老子撰有道家经典《老子》,成书于春秋末年。全书八十一章,约5000字,分"道经"和

"德经"两部分,又名《道德经》,或称"道德五千言"。老子的哲学系统以"道"为最高范畴,他把宇宙发展的自然法则命名为"道",他说:"人法地,地法天,天法道,道法自然。"由论宇宙,而论人生,而论政治,他认为事物中总包含着大小、有无、长短、强弱、生死等对立的两个方面,互相联系,又可以互相转换。政治上,老子主张"无为而治",认为应该"损有余,而补不足",使民众生活得到改善,国家就易于治理。

庄子(约公元前369—前286年),名周,道家在战国时期的代表人物。他曾经做过漆园吏,后厌恶仕途,隐居著书。其代表作品《庄子》,又称《南华经》,共五十二篇,现存三十三篇。在书中,庄子继承老子"道法自然"的观点,主张齐物我、齐是非、齐生死、齐贵贱,幻想一种"天地与我并生,万物与我为一"的精神境界,安时处顺,逍遥自得。《庄子》文字简约而意境深远,被誉为先秦最有文采的哲学著作。

墨子(约公元前468—前376年),名翟,生于春秋末,墨家创始人。墨家追求的是一个新的社会秩序和新的人际关系。墨子死后,他的门徒把他生前的言论编撰为一本书,命名《墨子》。书中提出尚贤、尚同、节用、节葬、非乐、非命、天志、明鬼、兼爱、非攻等十种主张。认为"官无常贵,民无终贱",出身低贱的人,只要有才能也应受到擢用,反对贵族式官制;提倡"节用","去无用之费",反对君主和贵族的奢侈无度,反对贵族久丧厚葬和对钟鼓之乐的沉溺;提倡"兼爱",即对世上一切人都一视同仁地爱,不因亲疏而分差等;提倡"非攻",反对侵略的战争,主张用比侵略者更顽强的抵抗来消灭战争。墨子想象中的理想社会是:在圣贤的统治之下,大众"兼相爱,交相利","有余力以相劳,有余财以相分","老而无妻子者,有所侍养,以终其寿;幼弱孤单之无父母者,有所依依,以长其身",整个社会没有贫富劳逸的不均,没有浪费和窘迫的对照,也没有嫉妒、愁怨和争夺。

墨学的精华已为一部分儒家学说所汲取,所谓"大同"的观念即以墨家学说为蓝本。

法家是"一个没有首脑的思想巨流"(柏杨语),他们只是共同具有法治思想,而无意成为一个学派。《管子》托名管仲,是一部重要的法家著作汇集。管仲(?—前645年),名夷吾,春秋前期著名的政治家和改革家。他辅佐齐桓公,整顿内政,发展经济,使齐国国力大为充实,终至"九合诸侯,一匡天下",成为"春秋五霸"之一。管仲死后,齐国"遵其教者数百年"。那些崇奉他的学者,继承他的思想,记述他的言行,并且打着他的旗号,阐发自己的主张,前后相传,积累成书。《管子》涉及经济、政治、军事、哲学及自然科学等各个领域,内容丰富,在诸子百家中占有重要地位。

晏婴(?—前500年),字平仲,春秋时齐国大夫,传世《晏子春秋》是战国时人收集有关他的言行编辑而成。

商鞅(约公元前390—前338年),公孙氏,名鞅,亦称卫鞅,号商君。他是"法学之巨子",也是"政治家之雄"。[①]他两次变法,奠定了秦国富强的基础,著有《商君书》二十九篇,今存二十四篇。

韩非(约公元前280—前232年),战国末年法家学说的集大成者。他继承和总结战国时期各个法家学派的经验,认为法(法律条文)、术(控驭之术)、势(一定的权势)三者必须并重。这后来成为专制主义政治尊奉的准则。他反对儒家的说教,也反对民间游侠的横行,主张"罢黜百家",崇尚法治。韩非与李斯同是荀子的学生,却因"很受秦王重视"而受李斯嫉妒,被谋害致死。

《孙子》是我国战国时的一部杰出的军事理论著作,孙子(约公元前545—前470年),名武,是春秋时期的军事家、政治家。他把流行于战国时期的唯物论思想运用于作战理论,对于了解敌我双方的情势十分重视,认为"知彼知己,百战不殆"。他还把辩证方法贯诸军事哲学方面,认为对立的条件可以互相转换,应该注重了解情况,全面分析敌我、众寡、强弱、虚实、攻守、进退等矛盾双方,并通过对战争客观规律的认识和掌握以克敌制胜。他还提出"兵无常势,水无常形,能因敌变化而取胜者谓

[①] 麦孟华:《商君评传》。

之神",强调战略战术上的"奇正相生"和灵活运用。

《楚辞》是我国文学史上第一部浪漫主义诗歌总集,全书以屈原作品为主。屈原(约公元前340—前278年),名平,中国历史上第一位留下名字的文学家和诗人,楚国人,曾任三闾大夫。他关心祖国命运,想改善政治,主张联齐抗秦,可昏庸的楚王不听他的主张。他两次被放逐,最终投汨罗江而死。所著《离骚》就是他在放逐中的忧愤之作,表现了他对国事的关切和为理想而献身的精神。

《吕氏春秋》亦称《吕览》,战国末秦相吕不韦集合门客共同编写。全书二十六卷,一百六十八篇,内容以儒道思想为主,兼及名、法、墨、农及阴阳家之言,汇集先秦各派学说,议论中又征引许多古史旧闻和有关天文、历数、音律等方面的知识,是为杂家代表作。这本书为秦国统一天下和治理国家提供了思想武器。

中国文化博大精深。中国历史第一"轴心时期"(我们又称"先秦时期")所形成的经典,即是中华民族的元典。它蕴含着丰富的历史智慧,积淀为普遍的民族心理,内聚着中华民族全部的基因密码;它是民族灵魂的依归,我们永恒的精神家园;它是中华文化的根脉,中国人之后一切思想和创造的初阶和出发点。

中华优秀传统文化"是我们最深厚的文化软实力,也是中国特色社会主义植根的文化沃土"(习近平语)。实现中华民族伟大复兴的中国梦,需要充分运用中华民族数千年来积累下来的伟大智慧。

当今世界无论是物质还是精神方面,都取得了巨大的进步,但也面临着许多突出的问题。要解决当前的难题,不仅需要今天发现和发展的智慧,更加需要历史文化的积累和储备。中华传统文化具有"丰富的哲学思想、人文精神、教化思想、道德理念等",可以为人们认识和改造世界提供有益启迪,为治国理政提供有益启示,为道德建设提供有益启发。我们要汲取其中具有普遍意义和永恒价值的思想理念和道德规范,以实现中华文化的创造性转化和创新性发展;学习和总结古代治国理政的有益探索和智慧,以完善现代国家的治国体系,提高治理能力;有扬弃地继承先哲提出的道德规范,以及调理社会关系和鼓励人们向上向善的劝诫,以提高整个中华民族的涵养和素质。

继承和弘扬中华优秀传统文化,是当今时代的需要,也是我们民族、我们每个人的需要。

《国学经典500句》是从人类第一"轴心时期",即中国先秦时期元典中摘取、缀集的名言警句,它们是我们民族早期智慧的结晶。本书大体以原著作的出现时间为顺序,从中可以见出先秦时期古人思想发展的进程,更可以见出所选先秦经典(如《诗经》、《老子》、《论语》、《孙子》、《墨子》等)本身的轮廓及特点。

本书不取成篇论述,而只撷取其中的名句进行释义,包括当今仍旧广为使用的句子,如"天行健,君子以自强不息"、"上善若水"、"知彼知己,百战不殆"、"礼之用,和为贵"、"锲而不舍,金石可镂"等;也包括不常用,却富含深意,依然具有一定流传度的句子,如"圣人无常心,以百姓心为心"、"天下无生而贵者也"等。

本书以诗句译诗,以尽量通俗、顺畅和精美的现代散文翻译古文,意在使具有初中以上文化程度的广大读者,都能够读懂看似深奥的古文。

本书期望成为读者大众了解中国传统文化、学习国学的普及读本和便捷辞书,此外,还可以作为:小学高年级和中学的教辅材料,大学生的口袋书,国内各级党校、行政管理学院及境外孔子学院的教材或课外阅读材料,有志于深入学习和研究先秦经典者的入门书。

目　录

前言 …………………………………………… 1

《第一卷》

《易经》14 句 …………………………………… 3

《尚书》7 句 ……………………………………… 7

《诗经》21 句 …………………………………… 10

《礼记》40 句 …………………………………… 17

《春秋左传》17 句 ……………………………… 29

《第二卷》

《老子》47 句 …………………………………… 37

《管子》10 句 …………………………………… 52

《晏子春秋》33 句 ………………………………… 56

《第三卷》

《论语》77 句 ………………………………… 71
《孙子》28 句 ………………………………… 89
《吴子》4 句 ………………………………… 97

《第四卷》

《墨子》28 句 ………………………………… 103
《列子》3 句 ………………………………… 112
《孟子》59 句 ………………………………… 114

《第五卷》

《庄子》57 句 ………………………………… 135
《楚辞》18 句 ………………………………… 154

《第六卷》

《商君书》3 句 ………………………………… 163

《尹文子》2 句 …………………………………… 165
《荀子》27 句 …………………………………… 167
《韩非子》18 句 ………………………………… 177
《吕氏春秋》26 句 ……………………………… 185

参考书目 …………………………………………… 193

第一卷

《易经》
《尚书》
《诗经》
《礼记》
《春秋左传》

《易经》14句

　　《易经》也叫《易》或者《周易》,我国最早的占卜用书。传说伏羲作八卦,周文王被囚羑里,演八卦为六十四卦。卦有六爻,合三百八十四爻。又各有说明,称卦辞、爻辞。通过八卦形式(象征天、地、风、雷、水、火、山、泽八种自然现象),推测自然和社会变化。八卦的根本是阴阳(阴爻--、阳爻—),二者相互作用是产生万物的根源。这是初民认识世界的理性提升,富含朴素的辩证法观点。又传孔子为其作传,以阐述卦辞和爻辞的具体含义,更增加了这种思维方式的哲学意义。所以《易经》被视为"五经之首",也是中国古代哲学的渊源。

天行健，君子以自强不息。《易经·乾卦》

天，刚强劲健地运行；君子应像天一样积极进取，不断使自己强大。

地势坤，君子以厚德载物。《易经·坤卦》

地之气势敦厚和顺；君子应像大地一样载负万物，积累自己的德行。

积善之家必有余庆，积不善之家必有余殃。《易经·坤卦》

积累善行的人家，必有充裕的喜庆；积累恶行的人家，必有太多的祸殃。

小人勿用，必乱邦也。《易经·师卦》

小人不要任用，他必定会祸国殃民。

比之匪人，不亦伤乎？《易经·比卦》

和坏人在一起，会伤害自己。

困而反，则也。《易经·同人卦》

陷于困境时能够回头，是遵循正确的法则。

君子以遏恶扬善,顺天休命。《易经·大有卦》

君子止恶扬善,方能顺应天时,完成使命。

君子以独立不惧,遁世无闷。《易经·大过卦》

君子独处时不会恐惧,远离尘世也不会憋屈烦闷。

日月丽乎天,百谷草木丽乎土,重明丽乎正,乃化成天下。《易经·离卦》

日月在天空运行,百谷草木在大地生长,多重光明依附正道的照耀,才可以化育成功天下万物。

天地感而万物化生,圣人感人心,而天下和平。《易经·咸卦》

天地互相感应而万物化育生成,圣人以向善之德感动人心,而天下和平。

时止则止,时行则行。动静不失其时,其道光明。《易经·艮卦》

把握时机,当行则行,当止则止,动与静都不失时机,做事才会顺利通达。

君子以居贤德善俗。《易经·渐卦》

君子积累贤良的德行,进而改善风俗。

顺乎天而应乎人。《易经·兑卦》
顺应天道,合乎人心。

天地节而四时成,节以制度,不伤财,不害民。《易经·节卦》
天地运行有所节制,才能形成四季;用秩序和制度节制社会大众,必不能损伤财物,妨害民众。

《尚书》7句

《书经》即《尚书》,是我国最早的一部历史文献,是春秋以前历代史官所收藏的重要文件以及政治论文选编,是研究古代历史、文学、哲学不可缺少的重要资料。书中最早提出"施实德于民"的观点,是后来《春秋》进一步提出民本思想的先声。

行有九德,宽而栗,柔而立,愿而恭,乱而敬,扰而毅,直而温,简而廉,刚而塞,强而义。《尚书·皋陶谟》

人的行为有"九德":宽厚而又谨慎,柔和却有主见,与人为善且能持重,处事公平而又办事认真,倾听各种意见又能决断,直率却有节制,大度又能廉洁,刚正却不鲁莽,坚强而且善良。

天聪明,自我民聪明;天明畏,自我民明威。《尚书·皋陶谟》

上天知晓人间的善恶,是源自民众的视听;上天的奖励惩罚,是依从民众的意见。

若网在纲,有条而不紊,若农服田力穑,乃亦有秋;汝克黜乃心,施实德于民,至于婚友,丕乃敢大言汝有积德。《尚书·盘庚》

就像渔网结在纲绳上,才能有条理而不紊乱;像农民在田间努力耕作,才能得到秋天的收获。你克服自己的私心,用真实的恩德施惠于民众,并泽及亲友,你才可以大声宣称你有"积德"。

人惟求旧,器非求旧,惟新。《尚书·盘庚》

与人相处,人们看重相知相识的故旧;使用器具,人们则不愿求旧,而愿求新。

五福:一曰寿,二曰富,三曰康宁,四曰攸好德,五曰考终命。《尚书·洪范》

人生五福:长寿,富有,健康平安,有道德,得善终。

责人斯无难,惟受责俾如流,有惟艰哉!《尚书·秦誓》

责备别人是很容易的;如果受人责备,还会像流水一样顺从,那就困难了。

人之有技,若己有之;人之彦圣,其心好之。《尚书·秦誓》

别人有特长,有技能,就像自己有一样;别人有才能,有道德,我为之高兴。

《诗经》21句

《诗经》是中国第一部诗歌总集,代表西周初年至春秋中叶500余年间的诗歌创作,在世界文学史上占有重要地位。经孔子删定,存诗305篇,所以又称《诗三百》,或径称《诗》。《诗经》分风、雅、颂三类。雅(又分大雅、小雅)是宫廷雅乐,颂是王室和诸侯祭祀宗庙的乐歌,两者具有一定的史料价值。风,又称"十五国风",是不同地方的音乐,反映了当时下层人民的生活、思想和感情,表现了社会生活的各个方面,有对于劳动、生活、爱情的咏叹,亦有对于统治者愤怒的控诉和抗议,具有强烈的人民性和现实性,以及极高的文学价值,因而得以千秋传诵。

关关雎鸠,在河之洲。窈窕淑女,君子好逑。
《诗经·关雎》

关关欢鸣的雎鸠鸟儿,在河中央的小洲。美丽贤淑的女子,是君子追求的好配偶。

桃之夭夭,灼灼其华。之子于归,宜其室家。
《诗经·桃夭》

桃树儿开花,鲜嫩,美丽,绽放光华。年轻的女子就要出嫁,去建立幸福美满的家。

蔽芾甘棠,勿剪勿败,召伯所憩。《诗经·甘棠》

高大茂盛的甘棠树啊,不要修剪,也不要让它毁败,伟大的召伯,曾在这浓荫下休憩。

日居月诸,胡迭而微?心之忧矣,如匪澣衣。静言思之,不能奋飞。《诗经·柏舟》

日啊月啊,轮番登场,为何时而暗淡无光?我心忧愁,就像未洗过的脏衣裳;我静静地长长地思虑,只恨不能张开奋飞的翅膀。

燕燕于飞,差池其羽。之子于归,远送于野。瞻望弗及,泣涕如雨。《诗经·燕燕》

长空飞燕对对双双,参差交错着翅膀。这姑娘就要出嫁,远送她,到郊外田野上。倩影远去,渐渐消逝,我涕泪如雨。

凯风自南,吹彼棘心。棘心夭夭,母氏劬劳。
《诗经·凯风》

和风从南方轻轻吹来,吹拂那小小的酸枣树,树上生出细嫩的叶芽,母亲啊多么辛劳!

谁谓河广?一苇杭之。谁谓宋远?跂而望之。
《诗经·河广》

谁说大河宽广,一叶苇舟就可以飞航;谁说宋国遥远,跂起脚尖就可以望见。

投我以木瓜,报之以琼琚。匪报也,永以为好也。《诗经·木瓜》

美人赠我木瓜,我用美玉回赠。不是为了回报啊,但愿永久相好。

彼黍离离,彼稷之苗。行迈靡靡,中心摇摇。知我者,谓我心忧;不知我者,谓我何求。悠悠苍天,此何人哉?《诗经·黍离》

那黍苗一行行,那高粱长得壮。远行路上我形神恍恍,暗自悲伤。了解我的人,说我心中忧愁;不了解我的人,说我定有所求。悠悠苍天啊,这是谁造成的呢?

彼采萧兮,一日不见,如三秋兮。《诗经·采葛》
那采萧的姑娘,一天不见,就像是过了三个春秋。

坎坎伐檀兮,置之河之干兮,河水清且涟猗。不稼不穑,胡取禾三百廛兮?不狩不猎,胡瞻尔庭有县貆兮?彼君子兮,不素餐兮?《诗经·伐檀》
"坎坎"声声啊砍伐檀木,根根树段啊安放河边,河水清清啊泛着涟漪。不播种不收割,为什么取禾三百捆?不冬狩不夏猎,为什么见你庭院中挂着貉肉?那些大人君子,真不是吃素的啊!

硕鼠硕鼠,无食我黍!三岁贯女,莫我肯顾。逝将去女,适彼乐土。乐土乐土,爰得我所。《诗经·硕鼠》
大老鼠啊大老鼠,不要再吃我的黍!三年来把你豢养,你却不将我照顾。我誓要离你而去,去寻找人间乐土。那乐土啊乐土,才是我的好去处。

绸缪束薪，三星在天。今夕何夕，见此良人？子兮子兮，如此良人何？《诗经·绸缪》

柴草捆得紧紧，三星高挂天边。今晚是个什么样的夜晚哟，见到我心爱的人儿？你呀你呀，怎样对待这么好的人呢？

采苓采苓，首阳之巅。人之为言，苟亦无信。舍旃舍旃，苟亦无然。人之为言，胡得焉？《诗经·采苓》

采黄药，采黄药，在首阳山顶。有人说的话，虚伪敷衍，不值得相信。放下吧，放下吧！流言蜚语别当真。那些人说假话造谣言，能得到什么呢？

蒹葭苍苍，白露为霜。所谓伊人，在水一方。溯洄从之，道阻且长。溯游从之，宛在水中央。《诗经·蒹葭》

岸边芦苇郁郁葱葱，清晨白露凝结成霜，我心爱的人啊，在河水那一方。我逆流而上去见她，道路艰险漫长。我顺流而下去见她，好像就在水中央。

岂曰无衣？与子同袍。王于兴师，修我戈矛。与子同仇！《诗经·无衣》

怎能说没有衣裳？我和你同披战袍。我们的国家兴兵打仗，快修整好出征的武器，去迎战我们的仇敌！

昔我往矣，杨柳依依。今我来思，雨雪霏霏。行道迟迟，载渴载饥。我心伤悲，莫知我哀！《诗经·采薇》

那时我出征离去，杨柳依依。今天我解甲归来，雨雪纷纷。我艰难地前行，又饥又渴。我心伤痛啊，谁知我悲哀！

鹤鸣于九皋，声闻于天。鱼在于渚，或潜在渊。乐彼之园，爰有树檀，其下维榖。他山之石，可以攻玉。《诗经·鹤鸣》

鹤在幽幽沼泽鸣叫，声音回响在天。鱼在浅水嬉戏，有时潜入深潭。在那片园林真快乐，你看那高大的檀树下，又有楮树的落叶。别处山上的石头，可以拿来做琢玉的工具。

父兮生我，母兮鞠我。抚我畜我，长我育我，顾我复我，出入腹我。欲报之德，昊天罔极。《诗经·蓼莪》

父亲、母亲啊，给我生命、养育我。抚爱我，喂养我，教我长大成人；照顾我，关心我，出入怀抱我。我想回报父母的恩德，这恩德就像高天，无边无极。

高山仰止，景行行止。《诗经·车辖》
高尚的品德就像高山，让人仰望；高尚的品德就像大路，供人畅行。

心乎爱矣，遐不谓矣？中心藏之，何日忘之？《诗经·隰桑》
心中深深地爱着他，为何不向他诉说？深深地把他埋藏心底，何时才能够忘怀？

《礼记》40句

《礼记》记载公元前12世纪周王朝初期的礼节仪式,对我国政治制度、社会思想、文化传统、伦理观念影响深远,对研究"礼仪之邦"的历史颇为重要,其精华部分,对于根治社会创伤仍然足资借鉴。《中庸》、《大学》是《礼记》的两个章节,各自单独成册,又与《论语》、《孟子》合称"四书"。

敖不可长，欲不可纵，志不可满，乐不可极。
《礼记·曲礼》

骄傲不可滋长，欲望不可放纵，情志不可满溢，欢乐不可至极。

爱而知其恶，憎而知其善。积而能散，安安而能迁。临财毋苟得，临难毋苟免。很毋求胜，分毋求多。《礼记·曲礼》

喜欢他要知道他的弱点，憎恶他要知道他的长处。积蓄能够散施他人，安逸能够接受改变。面对钱财懂得不可不当取得，遇到危难不要一味乞求幸免。与人争不必非要求胜，分配不要贪多。

夫礼者，所以定亲疏、决嫌疑、别同异、明是非也。《礼记·曲礼》

礼，是用来判定亲疏、决断正误、区别异同、明辨是非的。

礼尚往来，往而不来非礼也；来而不往亦非礼也。《礼记·曲礼》

礼注重互相往来，往而不来是不符合礼的，来而不往也是不符合礼的。

富贵而知好礼,则不骄不淫;贫贱而知好礼,则志不慑。《礼记·曲礼》

生活富贵而知道遵循礼,就不会骄横,不会放荡;生活贫困而知道遵循礼,就不会自卑,不会气馁。

博闻强识而让,敦善行而不怠。《礼记·曲礼》

见闻丰富,知识精深,却很谦让,勉力行善而不倦怠。

乐,所以修内也,礼,所以修外也。礼乐交错于中,发形于外,故其成也怿,恭敬而温文。《礼记·文王世子》

乐,用来陶冶性灵;礼,用来修养外表。礼乐交融于内心,就会在形体上有所呈现,显示出教人喜欢、恭敬而温文的气质。

大道之行也,天下为公,选贤与能,讲信修睦。故人不独亲其亲,不独子其子,使老有所终,壮有所用,幼有所长,矜、寡、孤、独、废疾者,皆有所养。男有分,女有归。货恶其弃于地也,不必藏于己;力恶其不出于身也,不必为己。是故,谋闭而不兴,盗窃乱贼而不作,故外户而不闭,是谓大同。《礼记·礼运》

大道施行的时候，天下是为人们共有的。选拔贤能，讲究信义，和睦相处。人们不只是奉养自己的父母，抚育自己的子女，还要使社会上所有的老人都得以颐养天年，青壮年都能为社会效力，孩子都能够健康成长，老而无妻之人、老而无夫之人、幼年丧父的孩子、老而无子之人、残疾人都能得到供养，男女各有工作和住所，财物不要糟蹋浪费，也不要私人占有，人人都愿为公众事务尽力而为，但不必是为了自己。因而没有私下的谋算，也没有盗窃作乱的行为，家家都不用关闭大门，这就是"大同"世界。

饮食男女，人之大欲存焉。《礼记·礼运》
饮食、男女之事，是人类最基本的欲求。

大羹不和，贵其质也；大圭不琢，美其质也；丹漆雕几之美，素车之乘，尊其朴也。《礼记·郊特牲》
美味菜肴不用五味调和，因为看重食材的本质；精美玉石不加雕琢，因为喜欢它质地优良；使用丹漆制作的几案，乘坐不加装饰的车辆，都是因为珍视它们本身的质朴。

天下无生而贵者也。《礼记·郊特牲》
天下没有生来就尊贵的人。

玉不琢，不成器；人不学，不知道。《礼记·学记》

玉不经过雕琢，就不能成"器"；人不经过学习，就不可能知"道"。

大乐必易，大礼必简。《礼记·乐记》

大美的音乐必定平易动听；大好的礼法必定简单易行。

土敝则草木不长，水烦则鱼鳖不大，气衰则生物不遂，世乱则礼慝而乐淫。《礼记·乐记》

土地贫瘠，草木就不能生长；河水动荡，鱼鳖就不会长大；天气衰竭，生物就无法顺利成长；世事紊乱，人们就会不讲礼仪，沉迷声色。

德者，性之端也；乐者，德之华也；金石丝竹，乐之器也。诗，言其志也；歌，咏其声也；舞，动其容也。三者本于心，然后乐器从之。《礼记·乐记》

德，是人性之正；乐，是德性的光华；金石丝竹，是乐的器材。诗，表述心志；歌，咏唱心声；舞，表露内心姿态。三者都是从心出发，然后乐器伴随。

先王之所以治天下者五：贵有德，贵贵，贵老，敬长，慈幼。《礼记·祭义》

先王治理天下很看重五件事：尊重有道德的人，尊重尊贵的人，尊重老人，敬重长者，爱护幼者。

身也者，父母之遗体。行父母之遗体，敢不敬乎？《礼记·祭义》

身体是父母遗留的骨肉，用父母所生的身体做事，能不慎重吗？

善则称人，过则称己。《礼记·祭礼》

好事，归于别人；过错，归于自己。

其为人也温柔敦厚，《诗》教也；疏通知远，《书》教也；广博易良，《乐》教也；洁静精微，《易》教也；恭俭庄敬，《礼》教也；属辞比事，《春秋》教也。《礼记·经解》

民众温和柔顺，敦睦厚道，是《诗经》教育的结果；思想无碍，目光远大，是《书经》教育的结果；胸怀坦荡，平易善良，是《乐经》教育的结果；清静平和，精细入微，是《易经》教育的结果；谦恭俭约，庄重礼敬，是《礼记》教育的结果；善于言辞，触类旁通，是《春秋》教育的结果。

发号出令而民说,谓之和;上下相亲,谓之仁;民不求其所欲而得之,谓之信;除去天地之害,谓之义。《礼记·经解》

发布政策法令,民众感到喜悦,诚心拥戴,叫作"和";上下相亲,叫作"仁";民众不用费心竭力去追求就能得到,叫作"信";为百姓消除天灾人祸,叫作"义"。

礼之于正国也,犹衡之于轻重也,绳墨之于曲直也,规矩之于方圆也。故衡诚县,不可欺以轻重;绳墨诚陈,不可欺以曲直;规矩诚设,不可欺以方圆;君子审礼,不可诬以奸诈。《礼记·经解》

礼对于治理国家的作用,就像秤对于衡量轻重,准绳墨斗对于核定曲直,圆规直尺对于规范方圆。因此,如果将秤认真悬挂起来,就无法在轻重上骗人了;将准绳墨斗认真地放置着,就无法在曲直上骗人了;将圆规直尺认真地摆放着,就无法在方圆上骗人了;如果君子深明于礼,就无法用奸诈伎俩来欺骗他人了。

古之为政,爱人为大。《礼记·哀公问》

古人治理国政,最注重的是爱民。

君子不自大其事，不自尚其功，以求处情；过行弗率，以求处厚；彰人之善而美人其功，以求下贤。《礼记·表记》

君子不夸大自己做的事，不拔高自己的功劳，以求符合实情；有了超常的德行，并不自居表率，以求宽厚自处；彰显别人的善行，赞美别人的功劳，以求谦卑自下。

民以君为心，君以民为体。心庄则体舒，心肃则容敬；心好之，身必安之；君好之，民必欲之。心以体全，亦以体伤；君以民存，亦以民亡。《礼记·缁衣》

君与民的关系就像心与体的关系。心庄重体就舒泰，心肃穆体就恭敬；心里喜欢，体就安适；君主的喜好，也是民众所想得到的。心，因为体而周全，也会因为体而受到伤害；君主因为民众拥戴而生存，也会因为背离民众而灭亡。

不宝金玉，而忠信以为宝；不祈土地，立义以为土地；不祈多积，多文以为富。《礼记·儒行》

不看重金玉，而将忠信当作宝物；不祈求占有土地，而将合乎义理当作站立的大地；不祈求积蓄财物，而将博学多闻当作财富。

可亲而不可劫也,可近而不可迫也,可杀而不可辱也。《礼记·儒行》

可亲而不可威胁,可近而不可逼迫,可杀而不可侮辱。

苟利国家,不求富贵。《礼记·儒行》

只要对国家有利,就不讲求个人富贵。

大学之道,在明明德,在亲民,在止于至善。《礼记·大学》

大学的宗旨,在于彰显高尚的品德,在于使人弃旧图新,在于把"善"做到极致。

知止而后有定,定而后能静,静而后能安,安而后能虑,虑而后能得。《礼记·大学》

明确了"至善"的终极目标,才会有坚定的志向;志向坚定才能使心绪得以平静;心绪平静才能使灵魂得以安宁;灵魂安宁才能更好地思虑;思虑周全才能有所收获。

物格而后知至,知至而后意诚,意诚而后心正,心正而后身修,身修而后家齐,家齐而后国治,国治而后天下平。《礼记·大学》

研究真实存在的事物,才能获得正确的知识;有了正确的知识,才能增长自我的智慧;有了智慧,才能获取真诚的意念;意念真诚,才能具备端正的心态;心态端正,才能不断修养身心;身心修养之后,才能家庭和谐齐整;家庭和谐齐整,国家才能得到治理;国家得到治理,天下才能得以太平。

苟日新,日日新,又日新。《礼记·大学》

如果能使自己一天更新一点,就应每天保持更新,永续不断。

生财有大道:生之者众,食之者寡,为之者疾,用之者舒,则财恒足矣。《礼记·大学》

生财的大道是:创造财富的人多,消耗的人少,生财的速度快,使用的速度慢,这样,财富就会充足,就会保持长久。

天命之谓性,率性之谓道,修道之谓教。《礼记·中庸》

上天赋予人的禀赋叫作"性",顺着本性行事就是"道",按照"道"的原则修习就是"教"。

喜怒哀乐之未发,谓之中。发而皆中节,谓之

和。中也者,天下之大本也;和也者,天下之达道也。致中和,天地位焉,万物育焉。《礼记·中庸》

人的喜怒哀乐还未发露的状态,称为"中"。发露而有所节制,恰到好处,称为"和"。中是天下的根本,和是天下通行不变的道。达致中和的境界,天地就各居其位,万物就生长发育。

君子无入而不自得焉。在上位不陵下,在下位不援上。正己而不求人,则无怨。上不怨天,下不尤人。《礼记·中庸》

君子无论处在什么地位都能安然自得。在上位不欺凌下面的人,在下位不攀附上面的人。端正自己,不企求他人,就没有哀怨。上不抱怨天,下不怨恨人。

君子之道,辟如行远,必自迩;辟如登高,必自卑。《礼记·中庸》

君子之道,好比走远路,必从近处开始;好比登高山,必从低处开始。

好学近乎知,力行近乎仁,知耻近乎勇。《礼记·中庸》

爱好学习就接近智慧了,努力实行就接近仁义了,知道耻辱就接近勇敢了。

凡事豫则立,不豫则废。《礼记·中庸》

做任何事情,有准备就成功,没有准备就失败。

博学之,审问之,慎思之,明辨之,笃行之。《礼记·中庸》

广泛地学习,详尽地问询,谨慎地思考,明确地辨识,切实地行动。

人一能之,己百之;人十能之,己千之。果能此道矣,虽愚必明,虽柔必强。《礼记·中庸》

人家一遍能做到,我做一百遍总能做好;人家十遍能做到,我做一千遍总能做好。果真按这个道理去做,即使愚笨也必能变得聪明,即使柔弱也必能变得刚强。

《春秋左传》17句

周王朝所属各封国,均有对本国历史所作的记载,而且各自命名,如楚国史名《梼杌》,晋国史名《晋乘》,鲁国史名《春秋》。孔子对鲁国史重予编纂。其后诠释《春秋》的有"春秋三传":《左传》、《公羊传》、《穀梁传》。成书于战国早期的《左传》,作者左丘明,是我国编年体史书的鼻祖,此书长于纪事、纪言,语言简练生动,刻画人物栩栩如生,不仅是史学名著,也是一部文学杰作。

多行不义必自毙。《春秋左传》

坏事做多了,必定自取灭亡。

爱子,教之以义方,弗纳于邪。骄奢淫泆,所自邪也。《春秋左传》

疼爱子女,应当用正确的方法去教育他,不能让他接受错误的思想。骄横、奢侈、淫乱、放纵,都是源自错误的思想。

度德而处之,量力而行之,相时而动。《春秋左传》

揣度德行而处事,衡量力量而作为,看准时机而行动。

夫战,勇气也。一鼓作气,再而衰,三而竭。《春秋左传》

战争,靠的是勇气。第一次击鼓,士兵们鼓足了勇气;再次击鼓,勇气就会衰退;第三次击鼓,勇气就耗尽了。

君若以德绥诸侯,谁敢不服?君若以力,楚国方城以为城,汉水以为池,虽众,无所用之。《春秋

左传》

如果您以仁德安抚诸侯,谁敢不服从?如果您滥用武力,那么,楚国就会以方城山作城防,以汉水作护城河,您的兵马虽多,也没有用。

皇天无亲,唯德是辅。《春秋左传》
上天没有私亲,它只辅助有德行的人。

公家之利,知无不为,忠也。《春秋左传》
对国家公众有利的事,知道了就去做,这就是忠。

白圭之玷,尚可磨也;斯言之玷,不可为也。《春秋左传》
白玉圭上的斑点,还可以磨掉;语言上的瑕疵,不可以去除。

人谁无过?过而能改,善莫大焉。《春秋左传》
谁人没有过错呢?有过错能改,没有比这更好的事了。

芒芒禹迹,画为九州,经启九道。民有寝庙,兽有茂草,各有攸处,德用不扰。《春秋左传》

渺茫古远的时候，大禹王留下足迹的地方，划分为天下九州，开辟了条条大道。百姓有屋有庙，野兽有繁茂的青草，各有居住的地方，因此而各不相扰。

《夏书》曰：天之爱民甚矣，岂其使一人肆于民上，以从其淫而弃天地之性？必不然矣。《春秋左传》

《夏书》中说：上天十分爱护民众，难道会让一个人在大众头上肆意妄为，放纵他的荒淫，而背弃天地的本性？必定不会这样的。

至矣哉！直而不倨，曲而不屈；迩而不逼，远而不携；迁而不淫，复而不厌；哀而不愁，乐而不荒；用而不匮，广而不宣；施而不惠，取而不贪；处而不底，行而不流。五声和，八风平；节有度，守有序。盛德之所同也。《春秋左传》

好极了！正直而不倨傲，宛曲而不卑下；靠近而不侵逼，远离而不游离；有所变化而不杂乱，有所反复而不使人厌烦；哀伤而不忧愁，快乐而不荒嬉；利用而不会匮乏，宽广而不张扬；施予而不认为是恩惠，收取而不贪婪；安处而不停滞，行动而不放逸。五声调和，八音平协；节奏有法度，乐器演奏依秩序。这些也是有大德的人共有的品格。

民之所欲,天必从之。《春秋左传》
民众的要求,上天必定听从。

德不失民,度不失事,民亲而事有序,其天所启也。《春秋左传》
有德行就不会失去民心,有法度就不会做事失误,民众亲附而行事有序,这是上天为他打开大门啊。

我闻忠善以损怨,不闻作威以防怨。岂不遽止?然犹防川,大决所犯,伤人必多,吾不克救也;不如小决使道,不如吾闻而药之也。《春秋左传》
我听说忠诚善良可以减少怨恨,没听说以威势压人可以防止怨恨。难道不能立刻制止人们的议论吗?但这样做就好像防止河水泛滥,大的决口,伤害必定很多,我们无法挽救;不如开个小的决口,加以疏导;不如让我们倾听这些怨言,把它们当作治病的良药。

树德莫如滋,去疾莫如尽。《春秋左传》
树立仁德要多多增长,去除毒恶要务使干净。

国之兴也,视民如伤,是其福也;其亡也,以民为土芥,是其祸也。《春秋左传》

国家走向兴盛时,视民众如同受伤害的人,百般加以爱护,是福祉;国家行将败亡时,将百姓视同泥土草芥,是祸患。

第二卷

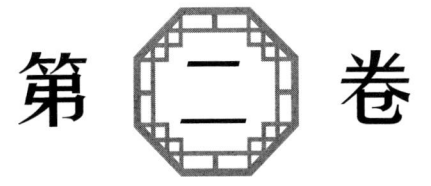

《老子》
《管子》
《晏子春秋》

《老子》47句

《老子》又名《道德经》，是道家的经典。老子所建立的道德体系和"五千言"八十一章的论述，对个体精神的塑造和民族素质的养成，具有极其重要的意义。"道生一，一生二，二生三，三生万物"的宇宙观，"道法自然"对自然规律的尊重，"有无相生"、祸福相倚的辩证观，"上善若水"、柔弱胜刚强的人生智慧，以及"见素抱朴"、"致虚极，守静笃"、"知足不辱"、"慎终如始"的生活态度，"圣人无常心，以百姓心为心"的为政之道，都曾经而且还将带给我们许多有益的启示。

道可道,非常道;名可名,非常名。《老子·一章》

可以言说的道,不是永恒的道;可以言说的名,不是永恒的名。

无名,万物之始;有名,万物之母。《老子·一章》

不能称名的,是万物的元始;有可称名的,是万物的母源。

有无相生,难易相成。《老子·二章》

有和无在相对中生成,难和易在对立中转化。

道冲而用之或不盈,渊兮,似万物之宗。挫其锐,解其纷;和其光,同其尘。湛兮,似或存。吾不知谁之子,象帝之先。《老子·四章》

大道空渺无形,而作用却无穷无尽,深远啊,它就如是万物的根源。消磨它的锋锐,去除一切纷扰;隐蔽它的光亮,混同于尘俗之间。它依然清湛地存在着。我不知它来自哪里,但它却是永恒的存在,存在于天帝之先。

天地不仁,以万物为刍狗;圣人不仁,以百姓为

刍狗。《老子·五章》

天地无所谓仁慈,对待万物都如草狗一样,一视同仁;圣人无所谓仁慈,对待百姓都如草狗一样,一视同仁。

上善若水。水善利万物而有静,居众人之所恶,故几于道矣。居善地,心善渊,予善仁,言善信,正善治,事善能,动善时。《老子·八章》

善的极致就好比水。水,静静地滋润万物,甘愿处在卑下的地位,这就近于道了。(上善的人像水一样)居住要选择地点,思想要深刻明了,交朋友要亲密,做事要按照可能,行动要适合时宜。

持而盈之,不若其已;揣而锐之,不可长葆。金玉盈室,莫之能守;富贵而骄,自遗其咎。功遂身退,天之道。《老子·九章》

把持而使水太满,不如及时停止;磨砺而使刀刃太过锋利,不能长久保持。金玉满堂,不能长守;富贵而骄横,自取灾祸。功成身退,才合乎天道。

载营魄抱一,能无离乎?专气致柔,能如婴儿乎?涤除玄览,能无疵乎?爱民治国,能无为乎?天门开阖,能无雌乎?明白四达,能无知乎?生之畜之，生而不有，为而不恃，长而不宰，是谓玄德。
《老子·十章》

形神合一，能终不分离吗？聚结精气以致柔和，能像婴儿的状态吗？擦拭心镜，能没有瑕疵吗？爱民治国，能没有智慧吗？看到宇宙的秘密，能不保持宁静吗？明白通达，能没有作为吗？生养、繁育万物，却不占有，不居功，也不主宰，这才是"玄德"。

古之善为道者，微妙玄通，深不可识。夫唯不可识，故强为之容。豫兮若冬涉川，犹兮若畏四邻，俨兮其若客，涣兮若冰之将释，敦兮其若朴，旷兮其若谷，混兮其若浊。《老子·十五章》

古时修"道"有造诣之人，他们的精神精微奥妙，深远通达，非一般人所能领会。正因不可领会，所以只能勉强描述一些外在的表现：他们谨慎，像冬天涉水过河；敬畏，像敬惧四周的人；庄重，像彬彬有礼的宾客；涣发，像冰雪正在消融；敦实，像质朴的树干；宽广，像深山大谷；深厚，像浊水难以见底。

致虚极，守静笃，万物并作，吾以观复。《老子·十六章》

让心灵空寂，独守宁静，看天地万物生长发展，我从而观察它们循环往复,最终返回本原的过程。

见素抱朴,少私寡欲。《老子·十九章》

外见纯素,胸怀质朴,不求私利,欲望淡泊。

曲则全,枉则直,洼则盈,敝则新,少则得,多则惑。《老子·二十二章》

委屈才能保全,弯曲才能匡直,低洼才会盈满,破旧才有更新,少取才能得到,贪多就会迷失。

不自见故明,不自是故彰,不自伐故有功,不自矜故长。《老子·二十二章》

不自我显露,所以显明;不自以为是,所以彰显;不自我夸耀,所以有功;不以贤能自居,所以受到尊敬。

飘风不终朝,骤雨不终日。孰为此者?天地。天地尚不能久,而况于人乎?《老子·二十三章》

狂风刮不了整个早晨,暴雨下不了整整一天,这是天地间的规律。天地造成的现象都不能长久,何况人呢!

人法地,地法天,天法道,道法自然。《老子·二十五章》

人以地为法则,地以天为法则,天以道为法则,道以自然为法则。

善行无辙迹,善言无瑕谪,善数不用筹策,善闭无关楗而不可开,善结无绳约而不可解。是以圣人常善救人,故无弃人;常善救物,故无弃物。《老子·二十七章》

善于行走的人,不留下印迹;善于言语的人,不会有差错;善于计数的人,不需要筹码;善于关闭的人,不用门栓你也开启不了;善于打结的人,不用绳索你也解不开。圣人善于救人,因此没有被抛弃的人;善于物尽其用,因而没有被废弃的物品。

善人者,不善人之师;不善人者,善人之资。不贵其师,不爱其资,虽智大迷。《老子·二十七章》

善人是不善人的老师,恶人是善人的鉴戒。不尊重老师,不珍惜鉴戒,虽然自诩聪明,其实是糊涂。

将欲取天下而为之,吾见其不得已。天下神器,不可为也,为者败之,执者失之。《老子·二十九章》

想取得天下而强行作为,我看不可以成功。天下是

"神器",不是人的意志能够左右的。强取,必然会失败;把持,必然会失去。

夫佳兵者,不祥之器,物或恶之,故有道者不处。《老子·三十一章》

优良的兵器是不祥之物,民众都厌恶它,所以有道之人不会轻易使用。

知人者智,自知者明;胜人者有力,自胜者强;知足者富,强行者有志;不失其所者久,死而不亡者寿。《老子·三十三章》

知人,是智慧;自知,是聪明。胜人,是有力;自胜,是刚强。知足,是富有;坚持力行,是有志气。不失根基,就是长久;死了,人们还记得他,这才是长寿。

将欲歙之,必固张之;将欲弱之,必固强之;将欲废之,必固兴之;将欲取之,必固与之:是谓微明。《老子·三十六章》

想要收缩它,必先扩张它;想要削弱它,必先加强它;想要去除它,必先抬举它;想要夺取它,必先给予它:这是深远的道理。

大丈夫处其厚不居其薄,处其实不居其华。
《老子·三十八章》

大丈夫立身敦厚,而不居于浅薄;存心朴实,而不居于浮华。

大方无隅,大器晚成,大音希声,大象无形。
《老子·四十章》

最方正的东西看不到棱角,最好的器物很晚才完成,最美的声音是无声之音,最大的形象已经没有了形状。

道生一,一生二,二生三,三生万物。《老子·四十二章》

道,生成原始混沌的一,又分解成阴阳两极,阴阳和合而生三,然后生成万物。

天下之至柔,驰骋天下之至坚。无有入无间,吾是以知无为之有益。不言之教,无为之益,天下希及之。《老子·四十三章》

天下最柔弱的,可以腾跃穿行于天下最坚硬的。空虚无形的,可以进入没有间隙的,我因此而知道"无为"的益处。不言的教诲,无为的作用,天下少有人能够达到。

知足不辱,知止不殆。《老子·四十四章》

知道满足,就不会受辱;知道适可而止,就没有危险。

大成若缺,其用不弊;大盈若冲,其用不穷。大直若屈,大巧若拙,大辩若讷。躁生寒,静胜热,清静为天下正。《老子·四十五章》

最完美的东西似有残缺,作用却不会衰竭;最充实的东西如有虚空,作用却不会穷尽。最正直如同屈曲,最灵巧好似笨拙,极善辩如言辞木讷。活动能抵御寒冷,安静能战胜暑热,清静是天下的正道。

圣人无常心,以百姓心为心。善者吾善之,不善者吾亦善之,德善;信者吾信之,不信者吾亦信之,德信。圣人在天下,歙歙焉,为天下浑其心。《老子·四十九章》

圣人不固执坚守自己的心意,他以百姓的心为己心。善待善的,也善待不善的,天下人就都善良了;相信可信的,也相信不可信的,天下人就都诚信了。圣人立身天下,没有私心,只求让天下人的心灵都变得浑沌、纯朴。

使我介然有知,行于大道,唯施是畏。大道甚夷,而人好径。朝甚除,田甚芜,仓甚虚。服文彩,带利剑,厌饮食,财货有余,是谓盗夸,非道也哉。
《老子·五十三章》

倘若我确实有自己的看法,行走在大道上,唯一担心的便是进入歧途。大道很平坦,而人君却喜欢走山间小路。农田极其荒芜,仓库十分空虚;但人君还穿着锦衣华服,佩带宝剑,吃厌了山珍海味,财物很是丰富。这叫强盗,走的不是正道。

祸兮福之所倚;福兮祸之所伏。《老子·五十八章》

祸中依存着福;福中潜伏着祸。

治大国若烹小鲜。《老子·六十章》

治理大国就像煎煮小鱼(不要常常扰动它)。

为无为,事无事,味无味。大小,多少,报怨以德。图难于其易,为大于其细。《老子·六十三章》

无为即是为,无事即是事,无味即是味。以小为大,以少为多,以德去回报怨。对付难,从易开始;成大事,从细微做起。

轻诺必寡信,多易必多难。是以圣人犹难之,

故终无难矣。《老子·六十三章》

轻易许诺,必定缺少信誉;看事物太容易,必然遇到更多困难。因此,圣人会把困难思虑得周详些,所以最后便没有困难了。

其安易持,其未兆易谋。其脆易判,其微易散。为之于未有,治之于未乱。《老子·六十四章》

情势安定时容易维持,征兆未现时容易谋划。事物脆弱时容易分解,细微时容易消散。要在事情没有成形前采取行动,局势没有混乱时进行治理。

合抱之木生于毫末,九层之台起于累土,千里之行始于足下。《老子·六十四章》

合抱大树是由幼芽长成,九层高台是一筐筐泥土垒起,行千里远路是从脚下开始。

民之从事,常于几成而败之。慎终如始,则无败事。《老子·六十四章》

人们做事常常在接近成功时失败。临终结时也要像起始一样慎重,就没有做不成的事了。

江海所以能为百谷王者,以其善下之,故能为

百谷王。《老子·六十六章》

江海之所以能成为百川汇流的地方,是因为它处于下游。

善为士者不武,善战者不怒,善胜敌者不与,善用人者为之下。《老子·六十八章》

善为将帅的,不逞强好勇;善于作战的,不轻易被敌人激怒;善于胜敌的,不直接与对手交兵;善于用人的,待人谦恭而有礼。

用兵有言,吾不敢为主而为客,不敢进寸而退尺,是谓行无行,攘无臂,扔无敌,执无兵。祸莫大于轻敌,轻敌几丧吾宝。故抗兵相加,哀者胜矣。《老子·六十九章》

指挥作战者说:我不敢轻易主动进攻而宁取守势,不敢轻进一寸而宁退一尺。这就是排好阵势要像没有阵势,要伸出拳头要像没有臂膀,要杀敌却像没有敌人可打,手里拿着兵器却像没有兵器。没有比轻敌更大的祸害,轻敌就会丧身。所以两军势均力敌而相争,胜者必定是因退让而激发起士气的这一方。

知不知上,不知知病。夫唯病病,是以不病。

《老子·七十一章》

知道自己无知,是高尚的;无知却自以为是,是毛病。真正把毛病当成毛病,认真对待,就不会犯这种病了。

民不畏威,则大威至。无狎其所居,无厌其所生。夫唯不厌,是以不厌。是以圣人自知不自见,自爱不自贵。《老子·七十二章》

百姓连威压也不怕了,大的祸乱就会到来。让百姓安居乐业,不要骚扰他们的生计。不压迫百姓,他们就不会厌恶你。圣人有自知之明,而不自我表现;自爱,而不妄自尊贵。

天网恢恢,疏而不漏。《老子·七十三章》

天置罗网,网眼虽疏,却不会疏漏。

民不畏死,奈何以死惧之。若使民常畏死,而为畸者,吾得执而杀之,孰敢?常有司杀者杀。夫代司杀者杀,是谓代大匠斫。夫代大匠斫者,希有不伤其手矣。《老子·七十四章》

如果百姓不怕死,怎么还能用死去恐吓他们?如果百姓果真害怕死亡,而作奸犯法的就要被杀掉,那么谁还敢做坏事呢?应该有法律、有专管刑法的人主管这些事。

要是代替专管的人去杀人，那就像代替高明的木匠去砍木材，少有不伤自己手指的。

民之饥，以其上食税之多，是以饥。民之难治，以其上之有为，是以难治。民之轻死，以其上求生之厚，是以轻死。夫唯无以生为者，是贤于贵生。《老子·七十七章》

百姓遭受饥荒，是因为统治者收税太多。百姓难以治理，是因为统治者强作妄为。百姓轻死，是因为统治者穷奢极欲。不追求厚养生命的人，贤于那些过分看重生命的人。

天下莫柔弱于水，而攻坚强者，莫之能胜，以其无以易之。弱之胜强，柔之胜刚，天下莫不知也，而莫之能行。《老子·七十八章》

天下万物没有比水更柔弱的，而攻击摧毁坚固的东西，却没有能够胜过它的。弱能胜强，柔能胜刚，这道理天下没有人不知晓，但不能照此实行。

信言不美，美言不信。《老子·八十一章》

真实可信的言语不华美，漂亮话不可信。

圣人不积。既以为人,已愈有;既以予人,已愈多。故天之道利而不害,人之道为而弗争。《老子·八十一章》

圣人不会自己积蓄什么。尽量帮助别人,自己因而更富有;尽量给予别人,自己因而更充足。天之道,利物而不伤害物;人之道,多行善事而不巧取豪夺。

《管子》10句

管仲(？—前645年)，春秋初期政治家，名夷吾，字仲。他以卓越的改革精神和极强的治理能力，帮助齐桓公"九合诸侯，一匡天下"，成为"春秋五霸"中的第一位霸主。《管子》是中国先秦典籍中阐述经济问题较多的著作，涉及生产、分配、交易、财政诸方面。传诵后世的名句如："仓廪实则知礼节，衣食足则知荣辱"，"终身之计，莫如树人"，"见贤能让"，"令则行，禁则止"，"治国之道，必先富民"等。

仓廪实则知礼节,衣食足则知荣辱。《管子·牧民》

粮仓充实则知道礼节,吃饱穿暖则知道荣辱。

政之所行,在顺民心;政之所废,在逆民心。《管子·牧民》

政策法令能够推行,在于顺应民心;政策法令不能推行,在于违逆民心。

审其所好恶,则其长短可知也;观其交游,则其贤不肖可察也。《管子·牧民》

审视他喜好和厌恶的事物,就可以知道他的长处和短处;观察他交往什么人,就可以知道他自己是什么样的人。

一年之计,莫如树谷;十年之计,莫如树木;终身之计,莫如树人。《管子·牧民》

做一年的筹划,最好是种稻谷;做十年的筹划,最好是植树木;做更长远的筹划,最好是把人才培养好。

大德至仁,则操国得众;见贤能让,则大臣和同;罚不避亲贵,则威行邻敌;好本事,务地利,重

赋敛,则民怀其产。《管子·立政》

有崇高的德行,达到仁的境界,就可以掌管好国家政权,得到民众的拥护和爱戴;见到贤能的人能够逊让,大臣就能同心协力;惩罚不避亲人和权贵,威望就能震慑邻国和敌国;注重国家根本大事,经营土地,慎重征收税赋,民众就会更加爱惜自己的财产,保卫好家园。

令则行,禁则止,宪之所及,俗之所被,如百体之从心,政之所期也。《管子·立政》

有命令就执行,有禁令就停止,政策法令以至风俗习惯所到之处,就像身体各个部位听从自己的心意,这是施政所期望达到的境界。

圣君任法而不任智,任数而不任说,任公而不任私,任大道而不任小物,然后身逸而天下治。《管子·任法》

圣明的君王依靠法制而不是个人的聪明才智,依靠法令条文而不是大话空言,依靠一心为公而不是谋取私利,依靠大的道义而不是细微末节,而后可以达到自身安逸而天下大治的目的。

以朋党为友,以蔽恶为仁,以数变为智,以重敛

为忠,以遂忿为勇者,圣王之禁也。《管子·法禁》

以结党营私为友,以包庇罪恶为仁,以诡诈善变为智,以横征暴敛为忠,以任意泄愤为勇,圣王必须禁止。

夫动静顺然后和也,不失其时然后富,不失其法然后治。《管子·禁藏》

动静得当而后和谐,不失时机才能致富,法制健全就能大治。

治国之道,必先富民。《管子·治国》

治国之道首先是富民。

《晏子春秋》33句

晏婴(？—前500年)，春秋时齐国大夫，著名政治家。他在平庸甚至昏庸的君主面前，始终坚守自己的政治道德和人格精神。曾与晋国大夫叔问论政，预言齐国政权终将为田氏所取代。传世《晏子春秋》是战国时人搜集他的言行编辑而成。传诵名句如："道在为人，而行在反己矣"，"事因于民者必成"，"意莫高于爱民，行莫厚于乐民"等。

昔者三代之兴也，利于国者爱之，害于国者恶之，故明所爱而贤良众，明所恶而邪僻灭，是以天下治平，百姓和集。及其衰也，行安简易，身安逸乐，顺于己者爱之，逆于己者恶之，故明所爱而邪僻繁，明所恶而贤良灭，离散百姓，危覆社稷。《晏子春秋·内篇·谏》

夏商周三代初兴时，有利于国家的人们就喜爱，有害于国家的人们就厌恶，明确了所爱，贤明和良善的人就增多了，明确了所恶，邪恶和鄙陋的人就消失了，所以天下治平，百姓和谐而团结。到了三朝衰败的时候，人们行为简慢，处事轻忽，贪图安逸，只喜爱顺从自己的，厌恶违拗自己的，邪恶和鄙陋的人就增多，贤明和良善的人受到抑制，百姓离散，国家社稷就危殆了。

古之贤君，饱而知人之饥，温而知人之寒，逸而知人之劳。《晏子春秋·内篇·谏》

古时贤明的君王，在自己吃饱、穿暖、安逸的同时，也能知道民众的饥饿、寒冷和辛劳。

赏无功谓之乱，罪不知谓之虐。《晏子春秋·内篇·谏》

没有功劳受到奖赏会造成混乱，惩罚不明就里的人就叫作残暴。

穷民财力以供嗜欲,谓之暴;崇玩好,威严拟乎君,谓之逆;刑杀不称,谓之贼:此三者,守国之大殃也。《晏子春秋·内篇·谏》

穷尽民众的财力来满足自己的嗜好和欲望,叫作暴虐;欣赏、喜好珍稀的宝物,使它们的威严堪比统治者,叫作悖逆;过分地处以刑罚和杀戮,叫作凶残:这三条,是治理国家最大的祸殃。

君屈民财者不得其利,穷民力者不得其乐。《晏子春秋·内篇·谏》

君王盘剥民众资财的,得不到利益;竭尽民众劳力的,得不到快乐。

国有三不祥:有贤而不知,一不祥;知而不用,二不祥;用而不任,三不祥也。《晏子春秋·内篇·谏》

国家有三件不祥的事:有贤能的人而不知道,知道了而不能任用,任用了而并不信任。

朝居严则下无言,下无言则上无闻矣。下无言,则吾谓之瘖;上无闻,则吾谓之聋。聋瘖,非害

治国家如何也?《晏子春秋·内篇·谏》

居于朝廷而管制严厉,下面就没有人说话了;下面没有人说话,上面就什么也听不见了。下面没人说话,就叫作哑巴;上面什么也听不见,就成了聋子。又聋又哑,不是妨害治理国家又是什么呢?

合升鼓之微以满仓廪,合疏缕之纬以成帷幕,太山之高非一石也,累卑然后高。《晏子春秋·内篇·谏》

累积一升一斛的米粮,仓库才能盈满;编织一丝一缕的经纬,帏幔才能做成。泰山不只有一块石头,它是累积而成的。

能爱邦内之民者,能服境外之不善;重士民之死力者,能禁暴国之邪逆;中听任贤者,安仁义而乐利世者,能服天下。《晏子春秋·内篇·问》

能爱护国内的民众,才能平服来自境外的争端;能看重士民的拼死效力,才能禁止危害国家的邪恶叛逆;听从中正之言和任用贤明的人,坚持仁爱和正义而乐于为世人谋利益,就能使天下信服。

道在为人,而行在反己矣。《晏子春秋·内篇·问》

"道"的宗旨是在为他人,为大众,而行为的宗旨则在要求自己,反省自己,从自己做起。

薄于身而厚于民,约于身而广于世;其处上也,足以明政行教,不以威天下;其取财也,权有无,均贫富,不以养嗜欲;诛不避贵,赏不遗贱,不淫于乐,不遁于哀;尽智导民而不伐焉,劳力事民而不责焉;为政尚相利,故下不以相害,行教尚相爱,故民不以相恶为名;刑罚中于法,废罪顺于民。是以贤者处上而不华,不肖者处下而不怨;四海之内,社稷之中,粒食之民,一意同欲,若夫私家之政,生有厚利,死有遗教:此盛君之行也。《晏子春秋·内篇·问》

古时的盛君,薄待自己而厚待民众,约束自己而宽容对人;作为统治者,秉持清明的政制,施行教化,不以威势压人;征收钱财,则权衡有无,均平贫富,决不只为满足一己的嗜好和欲望;诛罚不避权贵,奖赏不遗贫贱,不贪图淫乐,不逃避哀愁;尽自己的智慧去引导民众而不自夸,辛劳为民办事而不索取回报;政教的目的是为了使人们相利相爱,这样百姓之中就不会有相恶相害的事发生;刑罚合于法度,根据民众的要求而决定施行或废弃。因此贤者处于上位而不浮华,不肖之人处于下位也不会有怨言；普天之下，全国之内，所有的人都能一心一意，有共同的愿望；生时为民众谋取大的利益，死后人们还会记取他的贡献和教诲："盛君"就是这样做的。

谋度于义者必得，事因于民者必成。《晏子春秋·内篇·问》

谋划，从正义出发，必定达成；做事，为民众考虑，就能成功。

无以靡曼辩辞定其行，无以毁誉非议定其身。《晏子春秋·内篇·问》

不以华美的言辞判定他的行为，也不以别人对他赞赏还是诋毁判定他的为人。

厚藉敛而托之为民，进谗谀而托之用贤，远公正而托之不顺：君行此三者则危。《晏子春秋·内篇·问》

厚敛财富还说是为了利民，起用喜欢背后说人坏话和巴结逢迎的人还说是任用贤能，远离公正的人还说是因为他们不顺从自己：君王做这三件事就很危险。

其政任贤，其行爱民；其取下节，其自养俭。在上不犯下,在治不傲穷。从邪害民者有罪,进善举过者有赏。其政刻上而饶下,赦过而救穷。不因喜以加赏,不因怒以加罚;不从欲以劳民,不修怒而危国。上无骄行,下无谄德;上无私义,下无窃权;上无朽蠹之藏,下无冻馁之民。不事骄行而尚同,其民安乐而尚亲:贤君之治国若此。《晏子春秋·内篇·问》

任用贤能,爱护民众;节制征用,生活俭朴。上位者不轻侮下位者,为官者不轻视穷困者。惩罚放纵邪恶害民的人,奖赏进呈善言和指摘过失的人。严格要求官员,宽容对待属下和民众;赦免犯错误的人,救济穷苦的百姓。不因个人喜怒而施行奖赏和惩罚;不随心所欲劳烦民众,不盛气凌人危害国家。杜绝骄傲行为,阻遏谄媚小人;上不以权谋私,下不窃权越位;上无朽腐虫蛀的财物,下无冻饿的百姓。不做骄横之事而提倡和谐共处,让民众在安乐中相亲相爱:贤君治理国家就应该这样。

(忠臣之行)选贤进能,不私乎内;称身就位,计能受禄;睹贤不居其上,受禄不过其量;不权居以为行,不称位以为忠;不揜贤以隐长,不刻下以谀上。《晏子春秋·内篇·问》

忠臣的行为:选拔、任用、推荐贤明和有能力的人,不为自己的亲信谋私；根据自己的品德与能力接受职位和俸禄；职位不在比自己贤能的人之上，俸禄不超过自己的贡献；积极奉献，忠于职守，不计较职务高低；不遮挡贤德的人而隐瞒他人的长处，不苛待下属而谄媚上司。

明王之任人，谄谀不迩乎左右，阿党不治乎本朝；任人之长，不强其短；任人之工，不强其拙。《晏子春秋·内篇·问》

贤明君王用人的准则：不让谄媚阿谀的人接近身边，不让结党营私的人治理朝政；利用人的长处，不勉强使用他的短处；利用人工巧的一面，不勉强他做不擅长的事。

国贫而好大，智薄而好专；贵贱无亲焉，大臣无礼焉；尚谗谀而贱贤人，乐简慢而玩百姓；国无常法，民无经纪；好辩以为智，刻民以为忠；肃于罪诛，而慢于庆赏；乐人之哀，利人之难；德不足以怀人，政不足以惠民；赏不足以劝善，刑不足以防非：此亡国之行也。《晏子春秋·内篇·问》

国家贫困还好大喜功，智力浅薄又喜欢专断；贵族平民都不愿亲近，大臣对他也不讲礼仪；尊崇进谗和谀媚的小人而轻视贤人，喜欢轻忽怠慢之人而轻贱百姓；国家没有常法，民众没有秩序；喜好争辩自以为智慧，苛待民众认为是忠诚;诛罚严酷,奖励随意;以大众的哀痛为乐,于大众的苦难中求利;德行不足以使民众感念,施政不足以惠民;赏赐不能劝人向善,刑罚不能防止作恶:这都是亡国的行为。

善进,则不善无由入矣;不善进,善无由入焉。《晏子春秋·内篇·问》

善者得到选拔任用,不善者就不能入朝做官了;如果不善者得到选拔任用,善者就不能入朝做官了。

(廉政而长久)其行水也。美哉水乎清清,其浊无不雩途,其清无不洒除。《晏子春秋·内篇·问》

政治廉洁而国家长久,君主的品行就像流水。大美啊! 水之清清。若是水混浊,没有什么不能涂抹;若是水清澈,没有什么不能冲刷干净。

先民而后身,先施而后诛;强不暴弱,贵不凌贱,富不傲贫;百姓并进,有司不侵,民和政平;不以威强退人之君,不以众强兼人之地;其用法为时禁暴,故世不逆其志,其用兵为众屏患,故民不疾其劳:此长保威强勿失之道也,失此者危矣。《晏子春秋·内篇·问》

先民众而后自身,先施教而后诛罚;强大的不压制弱小的,尊贵的不欺凌贫贱的,富有的不轻视穷困的;百姓受到尊重和任用,管理者不侵害他们,民众和合,政治安平;不以强力和威势颠覆他国政权,不以兵力众多夺取他国土地;用法制是为了禁止暴乱,世人就不会违逆他的意志,武力是为大众屏除祸患,民众就会不惜劳力:这是长保威强之道,失此道者就会危殆。

傲大贱小则国危,慢听厚敛则民散。《晏子春秋·内篇·问》

傲视大国,轻贱小国,国家就危险;不听谏言,厚征暴敛,民众就离散。

意莫高于爱民,行莫厚于乐民。《晏子春秋·内篇·问》

最大的德行是爱民,最好的行为是使民快乐。

众而无义,强而无礼,好勇而恶贤者,祸必及其身。《晏子春秋·内篇·杂》

聚众却不讲道义,恃强而不明礼仪,好勇又厌恶贤人,这样的人,祸患就离他不远了。

下无直辞,上有隐恶。《晏子春秋·内篇·杂》

下位者没有正直的言辞,上位者肯定有不为人知的恶行。

临难而遽铸兵,临噎而掘井,虽速而无及已。《晏子春秋·内篇·杂》

受到侵犯才赶忙铸造兵器,吃饭噎住才临时掘井取水,再快也来不及了。

赠人以轩,不若以言。《晏子春秋·内篇·杂》

送人高大的轩车,不如赠以有益的语言。

橘生淮南则为橘,生于淮北则为枳,叶徒相似,其实味不同,所以然者何?水土异也。《晏子春秋·内篇·杂》

橘,生在淮河以南是橘,生在淮河以北的就成了枳,它们只是叶子相似,果实的味道则不同,为什么会这样呢?因为水土的差异!

圣人千虑,必有一失;愚人千虑,必有一得。《晏子春秋·内篇·杂》

圣人思虑一千次,必定有一次失误;愚人思虑一千次,必定有一回正确。

为者常成,行者常至。《晏子春秋·内篇·杂》

坚持不懈地行动,就会成功;不休不止地前行,必定到达。

至老尚哀死者,怯也;左右助哀者,谀也。《晏子春秋·外篇·重而异者》

到老还为死而悲,是胆怯;周围的人还跟着悲哀,是阿谀。

若以水济水,谁能食之?若琴瑟之专一,谁能听之?同之不可也如是。《晏子春秋·外篇·重而异者》

如果只用水调和水,谁还能吃得下去?如果琴瑟只奏出单一的调子,谁还能听得下去?单调同一是不可以的。

独立不惭于影,独寝不惭于魂。《晏子春秋·外篇·不合经术者》

独立时无愧自己的身影,独睡时无愧自己的灵魂。

第三卷

《论语》

《孙子》

《吴子》

《论语》77 句

孔子 15 岁立志求学，30 岁左右就成了精通周礼的知名礼学家。他崇尚上古的纯良风气，主张用周初的礼仪制度治国。50 岁学习《易》书，反复阅读，以至于"韦编三绝"，他认为从此可以"知天命"了。不久，孔子得到一次随同国君出访的机会，被任命为宾相。又两年，他提议"堕三都"，并因而"摄相事"（代理宰相）。结果是失败，出奔，流亡，从此结束政治生涯。于是开始教授生徒，并曾经带领一帮学生周游列国，在外流亡 13 年。63 岁回到鲁国定居，继续教授生徒，传播他的政治理念和人生感悟。他觉得，人到了 70 岁，就可以"从心所欲，不逾矩"了。

孔子一生"述而不作"，除整理了五部古籍文献外,并没有个人的专著。幸运的是,他的学生编辑了这部《论语》,为我们保留了这位伟大思想家、教育家的言行实录。

孔子认为物质和精神的追求是人的本性("食色性也"),"仁"是人的立身之道,主张"仁者爱人","己欲立而立人,己欲达而达人","己所不欲,勿施于人","无求生以害仁,有杀生以成仁"。他重视人的修养,认为应该"见贤思齐","敏于事而慎于言",要讲究诚信("人而无信,不知其可也")。他"学而不厌,诲人不倦",教育学生"择其善者而从之","知之为知之,不知为不知"。他人生的志向是使"老者安之,朋友信之,少者怀之"。他憧憬的生活是:暮春季节,约上五六位成年人,带着六七名童子,在沂水里沐浴,在舞雩台上吹吹风,唱着歌归来。

学而时习之，不亦说乎？有朋自远方来，不亦乐乎？人不知而不愠，不亦君子乎？《论语·学而篇》

学得知识，学得技能，经常温习，适时实践，不是很愉悦吗？有朋友从远方来，不是很快乐吗？别人不了解、不理解，也不烦恼，不生气，这不就是"君子"吗？

君子务本，本立而道生。孝弟也者，其为仁之本与！《论语·学而篇》

君子要致力于立定根本，根本确立了，"道"就随之而生。孝敬父母、友爱兄弟就是"仁"的根本。

曾子曰：吾日三省吾身，为人谋不忠乎？与朋友交不信乎？传不习乎？《论语·学而篇》

曾子说："我每天都要多次反省自己，为别人办事是否尽心竭力？与朋友交往是否诚实守信？老师传授的知识技能是否掌握、运用？"

弟子入则孝，出则弟，谨而信，泛爱众而亲仁，行有余力则以学文。《论语·学而篇》

年轻人在父母面前孝顺，出门则敬爱兄长，谨慎而守信，博爱大众，亲近仁德之人，如果还有余力，就再去学习文化知识。

礼之用，和为贵。《论语·学而篇》

礼的运用，和谐最为可贵。

君子食无求饱，居无求安，敏于事而慎于言，就有道而正焉。《论语·学而篇》

君子饮食不求饱足，居住不求安逸，勤敏做事，谨慎说话，接近有道德修养的人以匡正自己。

不患人之不己知，患不知人也。《论语·学而篇》

不担心别人不了解自己，只担心自己不了解别人。

道之以政，齐之以刑，民免而无耻；道之以德，齐之以礼，有耻且格。《论语·为政篇》

用政令引导，用刑罚整肃，则人民只求避免刑罚而没有羞耻心；用道德引导，用礼教来治理，则人民有羞耻心并会自行匡正缺失。

子曰：吾十有五而志于学，三十而立，四十而不惑，五十而知天命，六十而耳顺，七十而从心所欲，不逾矩。《论语·为政篇》

孔子说："我十五岁立志求学，三十岁建立了自己的思想体系，四十岁就可以尽释外界各种迷惑，五十岁掌握事物发展的规律,六十岁就什么都能听,都能释然,七十岁就从心所欲,做什么事都不会出格了。"

学而不思则罔,思而不学则殆。《论语·为政篇》
学习,却不经思考,就会迷惑;思虑,却不学习,就找不到出路,危险了。

知之为知之,不知为不知,是知也。《论语·为政篇》
知道的就是知道,不知道的就承认不知道,这才是聪明的做法。

人而无信,不知其可也。《论语·为政篇》
人,连起码的诚信都没有,那怎么可以呢?

富与贵,是人之所欲也;不以其道得之,不处也。《论语·里仁篇》
富贵是人的欲望;然而,若是从不正当渠道得到,我不会接受。

见贤思齐焉,见不贤而内自省也。《论语·里仁篇》

见到贤人,想要和他看齐;见到不贤的人,则以他为镜,对照审察自己的不足。

讷于言而敏于行。《论语·里仁篇》
说话要谨慎,行动要敏捷。

听其言而观其行。《论语·公冶长篇》
听他怎么说,还要看他怎么做。

子贡曰:我不欲人之加诸我也,吾亦欲无加诸人。《论语·公冶长篇》
子贡说:"我不想别人勉强我,我也不想勉强别人。"

敏而好学,不耻下问,是以谓之"文"也。《论语·公冶长篇》
(孔文子)勤敏而且好学,向不如自己的人请教而不认为羞耻,因此谥号是"文"

颜渊、季路侍。子曰:盍各言尔志?子路曰:愿车马、衣轻裘,与朋友共,敝之而无憾。颜渊曰:无伐善,无施劳。子路曰:愿陈子之志。子曰:老者安之,朋友信之,少者怀之。《论语·公冶长篇》

颜渊、子路侍立在孔子身边。孔子说:"何不说说你们的志向?"子路说:"希望将名车宝马、华美的衣服,与朋友共享,毁损了也不抱憾。"颜渊说:"不张扬自己的好处,也不推诿自己的辛劳。"子路又说:"希望听听先生的志向。"孔子说:"老人,使他安逸;朋友,使他信任我;年轻人,使他得到关怀爱护。"

贤哉回也!一箪食,一瓢饮,在陋巷,人不堪其忧,回也不改其乐,贤哉回也!《论语·雍也篇》

贤明啊颜回!一箪食物,一瓢饮水,住在窄巷,别人受不了那穷苦的忧愁,他却不改变乐观的态度,贤明啊颜回!

知之者不如好之者,好之者不如乐之者。《论语·雍也篇》

(对道德、文章、事业、人物)懂得它的不如喜好它的,喜好它的不如以它为乐趣的。

知者乐水,仁者乐山。知者动,仁者静。知者乐,仁者寿。《论语·雍也篇》

聪明的人热爱水,仁爱的人热爱山。聪明的人爱动,仁爱的人好静。聪明的人快乐,仁爱的人长寿。

己欲立而立人,己欲达而达人。《论语·雍也篇》

自己要立身于人世间,就要致力于让别人都能立身;自己要通达、发达,就要致力于让别人也能如此。

学而不厌,诲人不倦。《论语·述而篇》

认真学习,不会厌烦;教诲别人,不知疲倦。

志于道,据于德,依于仁,游于艺。《论语·述而篇》

以道为志向,以德为根据,依仗仁爱之心,游弋于六艺之间。

不愤不启,不悱不发,举一隅不以三隅反,则不复也。《论语·述而篇》

不到学生冥思苦想却弄不明白,想要发言却难以言表,教师不要去启发他;学生做不到举一反三,就不用继续教诲他了。

用之则行,舍之则藏。《论语·述而篇》

到时机适合,可以发挥作用了,就去行动;否则就养精蓄锐,不要轻易采取行动。

不义而富且贵,于我如浮云。《论语·述而篇》

用不正当的手段而得到的富贵,在我看来,就像浮云。

叶公问孔子于子路,子路不对。子曰:女奚不曰,其为人也,发愤忘食,乐以忘忧,不知老之将至云耳。《论语·述而篇》

叶公问子路:"孔子是什么样的人?"子路没有回答。孔子说:"你为什么不对他说,这个人啊,发愤了会忘记吃饭,高兴了就忘记忧愁,还不知道自己已经是老人了。"

子曰:我非生而知之者,好古,敏以求之者也。《论语·述而篇》

孔子说:"我不是生来就有知识的,我只是喜爱古人积累的知识而勤敏去追求的人。"

三人行,必有我师焉,择其善者而从之,其不善者而改之。《论语·述而篇》

三个人在一起,其间必定有可以做我老师的人,看到好的我跟着学,看到不好的我就改掉。

君子坦荡荡,小人长戚戚。《论语·述而篇》

君子胸怀坦荡,小人常会悲戚。

兴于诗,立于礼,成于乐。《论语·泰伯篇》
诗歌帮我成长,礼仪帮我立身,音乐帮我完善道德。

如有周公之才之美,使骄且吝,其余不足观也。《论语·泰伯篇》
即使有周公那样美好的才能,却骄傲而且吝啬,其他方面也就不值得一看了。

毋意,毋必,毋固,毋我。《论语·子罕篇》
不主观臆断,不钻牛角尖,不固执己见,不自以为是。

子在川上曰:逝者如斯夫,不舍昼夜。《论语·子罕篇》
孔子站在水边,说:"逝去的时间就像这流水,昼夜不息。"

后生可畏,焉知来者之不如今也?《论语·子罕篇》
年轻人值得敬畏,怎知道未来的人不会比现在的人更好呢?

三军可夺帅也,匹夫不可夺志也。《论语·子罕篇》

全军统帅可以擒获,一个普通人的意志力则不可摧毁。

岁寒,然后知松柏之后凋也。《论语·子罕篇》

到了一年中最寒冷的季节,才知道最后凋谢的是松柏。

知者不惑,仁者不忧,勇者不惧。《论语·子罕篇》

智慧的人不会迷惑,仁厚的人不会忧愁,勇敢的人不会畏惧。

夫人不言,言必有中。《论语·先进篇》

这个人不轻易讲话,一讲话必定能切中要害。

过犹不及。《论语·先进篇》

过分和不到位是一样的,都不可取。

莫春者,春服既成,冠者五六人,童子六七人,浴乎沂,风乎舞雩,咏而归。《论语·先进篇》

暮春季节，穿上春衣，约上五六位成年人，带着六七名童子，在沂水里沐浴，在舞雩台上吹吹风，唱着歌归来。

内省不疚，夫何忧何惧？《论语·颜渊篇》
只要问心无愧，就没有忧愁，没有畏惧。

百姓足，君孰与不足？百姓不足，君孰与足？《论语·颜渊篇》
百姓用度足够，您还有什么不够的呢？百姓用度不够，您又怎么会够呢？

君子成人之美，不成人之恶。《论语·颜渊篇》
君子助成别人的好事，不助人为恶。

舜有天下，选于众，举皋陶，不仁者远矣。《论语·颜渊篇》
舜做天下的君主，在众人中挑选了贤能的皋陶作为辅佐的人才，那些不仁的小人就远离而去了。

名不正则言不顺，言不顺则事不成，事不成则礼乐不兴，礼乐不兴则刑罚不中，刑罚不中则民无所错手足。故君子名之必可言也，言之必可行也。

君子于其言,无所苟而已矣。《论语·子路篇》

名分不正当就说话不顺,说话不顺就做不成事,不能成事礼乐就不能施行,礼乐不能施行刑罚就不会得当,刑罚不当民众就无所适从。所以君子定立了名分,就一定能说得明白,说出来就必定能执行。君子说话决不马虎、随意。

其身正,不令而行;其身不正,虽令不众。《论语·子路篇》

领导者自身端正,不用命令,民众都会跟随行动;如果自身不端正,三令五申也无人听从。

近者说,远者来。《论语·子路篇》

为政者要做到使近处的人高兴,使远方的人乐意投奔。

欲速则不达,见小利则大事不成。《论语·子路篇》

事想速成,往往不能达到目的;只见小利,大事不能成功。

君子和而不同,小人同而不和。《论语·子路篇》

君子追求多元和谐,小人追求单调同一。

不患人之不己知,患其不能也。《论语·宪问篇》
不担心别人不了解自己,只担心自己无能。

以直报怨,以德报德。《论语·宪问篇》
以正直回报仇怨,以美德回报恩德。

不怨天,不尤人。《论语·宪问篇》
不抱怨天,不责怪他人。

君子固穷,小人穷斯滥矣。《论语·卫灵公篇》
君子贫穷也不失气节,小人贫穷了则丑态百出,什么坏事都能做得出。

可与言而不与之言,失人;不可与言而与之言,失言。知者不失人,亦不失言。《论语·卫灵公篇》
可以跟他说却不跟他说,是失人;不可以跟他说却跟他说了,是失言。聪明人既不失人,也不失言。

志士仁人,无求生以害仁,有杀生以成仁。《论语·卫灵公篇》

为了坚守大仁大义,志士仁人不会贪生怕死,宁可牺牲生命。

工欲善其事,必先利其器。《论语·卫灵公篇》
工匠要想做好工作,必须先打磨锋利他的工具。

人无远虑,必有近忧。《论语·卫灵公篇》
没有长远的思虑,就会有眼前之忧。

躬自厚而薄责于人。《论语·卫灵公篇》
多反躬自问,少责怪别人。

子贡问曰:有一言而终身行之者乎?子曰:其恕乎!己所不欲,勿施于人。《论语·卫灵公篇》
子贡问:"有一句话可以终身遵行的吗?"孔子说:"那就是'恕'啊。自己不想要的,不强加给别人。"

当仁,不让于师。《论语·卫灵公篇》
在"仁"的面前,对老师都不要逊让。

有教无类。《论语·卫灵公篇》
教育面向大众,不分贫富贵贱。

道不同,不相为谋。《论语·卫灵公篇》
追求的信仰不同,不能在一起商量大事。

不患寡而患不均,不患贫而患不安。《论语·季氏篇》
(治国理家的人)忧虑的不是财富少而是不平均,不是百姓贫穷而是不安宁。

益者三友,损者三友。友直、友谅、友多闻,益矣;友便辟、友善柔、友便佞,损矣。《论语·季氏篇》
有三种人做朋友会对你有益:正直的人,诚信的人,博学多闻的人;有三种人做朋友会对你造成损害:逢迎献媚的人,看人脸色的人,花言巧语的人。

君子有三戒:少之时,血气未定,戒之在色;及其壮也,血气方刚,戒之在斗;及其老也,血气既衰,戒之在得。《论语·季氏篇》
君子有三戒:少年时,血气未定,戒色;壮年时,血气方刚,戒斗;老年时,血气已衰,戒贪。

见善如不及,见不善如探汤。《论语·季氏篇》
追求良善,唯恐赶不上;避开不善,就像不能把手伸向滚沸的水中一样。

性相近也,习相远也。《论语·阳货篇》

人性原本相近;由于不同生活环境的影响,习性有了差异,距离会越来越远。

《诗》,可以兴,可以观,可以群,可以怨。《论语·阳货篇》

《诗》,可以抒发感情,可以观察社会人生,可以结交亲友,可以讽刺不平之事。

四时行焉,百物生焉,天何言哉!《论语·阳货篇》

四时运行,百物生长,而天并不言语。

君子尊贤而容众,嘉善而矜不能。《论语·子张篇》

君子尊重贤能的人,也包容大众;赞美善良的人,也怜恤无能的人。

百工居肆以成其事,君子学以致其道。《论语·子张篇》

工匠们在作坊里奋斗来完成他们的工作;君子通过学习而达到大道。

君子之过也,如日月之食焉。过也,人皆见之;更也,人皆仰之。《论语·子张篇》

君子的过错,就像日食月食。有了过错,人们都能看到;改正过错,人们都会敬仰。

宽则得众,信则任,敏则有功,公则说。《论语·尧曰篇》

宽厚就会得到民众拥戴,诚信就会得到信任,勤敏就会有功绩,公正就会使民众欣悦。

惠而不费,劳而不怨,欲而不贪,素而不骄,威而不猛。《论语·尧曰篇》

(孔子认为"从政"必须遵从"五美":)施惠而不浪费;让民众劳动而不产生抱怨;有欲求而不贪婪;庄重矜持而不骄傲;有威严而不凶残。

《孙子》28句

　　《孙子》"本之仁义,佐以权谋",古之名将"用之则胜,违之则败"(孙星衍语),所以又称《兵经》。孙子为吴将兵,以三万破楚二十万人,"入郢都,威齐晋",战功卓著。《孙子》认为战争是国家大事,关乎人的生死和国家存亡,必须加以审察;又认为上下同心,生死与共,民众共赴危难,才是战争的"大道"。全书分计篇、作战篇、谋攻篇、形篇、势篇、虚实篇、军争篇、九变篇、行军篇、地形篇、九地篇、火攻篇、用间篇,共十三篇,全面论述了战争的利弊和克敌制胜的办法。

兵者，国之大事，死生之地，存亡之道，不可不察也。《孙子·计篇》

战争是国家大事，关乎人的生死和国家的存亡，不可不仔细审察。

道者，令民与上同意也，故可与之死，可与之生，而民不畏危。《孙子·计篇》

战争的"道"，是上下同心，生死与共，民众共赴危难。

主孰有道，将孰有能，天地孰得，法令孰行，兵众孰强，士卒孰练，赏罚孰明：吾以此知胜负矣。《孙子·计篇》

哪一方的君主政治清明，哪一方的将帅有能力，哪一方能占有天时地利，哪一方的法令能切实执行，哪一方的兵卒更强健，更训练有素，哪一方能够赏罚分明：我从这些方面就可以断定战争胜负。

兵者诡道也。故能而示之不能，用而示之不用，近而示之远，远而示之近，利而诱之，乱而取之，实而备之，强而避之，怒而挠之，卑而骄之，佚而劳之，亲而离之，攻其无备，出其不意。此兵家之胜，不可先传也。《孙子·计篇》

战争要讲究诡诈的谋略。因此,能打要表现出不能打;用哪种方法打,要表现出不这么打;攻打近的,表现出要攻打远的;攻打远的,表现出要攻打近的;敌人贪利,就去利诱他;敌军若乱,就乘机攻破他;敌人力量充实,应该防备;敌人强大,应该避开;敌军气势汹汹,可以骚扰他们;敌人警惕小心,可以使他们骄纵;敌军安逸,就让他们奔波劳顿;敌军团结,就设法离间他们;趁敌人没有防备时进攻,趁敌人没有意料到就采取行动。这是兵家的取胜方法,不能事先被对方知晓。

不尽知用兵之害者,则不能尽知用兵之利也。
《孙子·作战篇》

不完全知道用兵的害处,就不能完全知道用兵的益处。

兵贵胜不贵久。《孙子·作战篇》

作战最重要的是迅速取胜,而不宜旷日持久。

不战而屈人之兵,善之善者也。故上兵伐谋,其次伐交,其次伐兵,其下攻城。《孙子·谋攻篇》

不靠作战就能使敌人屈服,最是高明。所以最好是靠谋略,其次是靠外交,再次是征战,最次是攻打敌方的城池。

知彼知己,百战不殆。《孙子·谋攻篇》

足够了解敌情,充分把握自己,每次作战都不会有危险。

善守者藏于九地之下,善攻者动于九天之上。《孙子·形篇》

善于防守的,就像隐藏在深深的地下,让敌人无从知晓;善于进攻的,就像高天雷霆劈击而下,叫敌人难以招架。

举秋毫不为多力,见日月不为明目,闻雷霆不为聪耳。《孙子·形篇》

能举起鸟兽的新毛,那不叫有力;能看到日月,那不叫眼亮;能听到雷霆之声,那不叫耳聪。

善战者立于不败之地,而不失敌之败也。《孙子·形篇》

善战的将帅,将自己立于不败之地,不放过击败敌人的机会。

凡战者以正合，以奇胜。《孙子·势篇》

大凡作战用兵，通常是以正兵和敌军相持，而出奇兵袭击敌人取胜。

激水之疾，至于漂石者，势也。《孙子·势篇》

湍急的流水十分迅疾，以至于可以将大石冲走，这是"势"的作用。

我欲战，敌虽高垒深筑，不得不与我战者，攻其所必救也。《孙子·虚实篇》

我若想战，敌军即使构筑牢固的堡垒，坚守避战，我仍可以迫使它出战：攻击它不得不救的目标。

吾所与战之地不可知；不可知，则敌所备者多；敌所备者多，则吾所与战者寡矣。《孙子·虚实篇》

我将与敌战斗的地点不可让敌人事先知道，敌人不知道就要多做防备，防备多则分散兵力，正面与我战斗的人员就少了。

夫兵形象水。水之行避高而趋下，兵之形避实而击虚；水因地而制流，兵因敌而制胜。故兵无常势，水无常形，能因敌变化而取胜者，谓之神。《孙

子·虚实篇》

兵的形势就像水流。水流,避开高处而向下流;兵形,避开敌防守牢固之处,袭击其防御虚弱之处。水顺地势流淌,兵按敌情而制胜。因此,兵没有固定不变的势,水没有固定不变的形;能随着敌军情势的变化而取得胜利的,才叫用兵如神。

避其锐气,击其惰归。《孙子·军争篇》

避开敌军初来时的锋锐盛气,等其衰惰倦怠时再进攻。

以近待远,以佚待劳。《孙子·军争篇》

以我的近守,等待远路来袭之敌;以我的闲逸,迎待疲劳之敌。

用兵之法,高陵勿向,背邱勿逆,佯北勿从,锐卒勿攻,饵兵勿食,归师勿遏,围师必阙,穷寇勿追。《孙子·军争篇》

用兵的法则:敌军占据山险,不要仰攻;敌人背靠丘阜,不要迎面攻击;正在激战,敌势未衰,忽然退走,不要深入追击;敌军士气正锐,不要轻击;敌人以利诱惑,不要上当;敌人兵败撤退,归心正切,不要拦阻;包围敌军,围三缺一;穷途末路的敌人,不可逼迫追赶。

无恃其不来,恃吾有以待也;无恃其不攻,恃吾有所不可攻也。《孙子·九变篇》

不要依恃敌人不会来,依恃自己有充足的准备;不要依恃敌人不会攻击,依恃自己有不可攻破的防守。

敌近而静者,恃其险也;远而挑战者,欲人之进也。《孙子·行军篇》

敌军离得很近,却保持安静,是有天险可凭;敌军在远处,却屡屡挑战,是诱我前进。

视卒如婴儿,故可与之赴深溪;视卒如爱子,故可与之俱死。《孙子·地形篇》

(将帅)对待士卒如同对待婴儿,他们就可与其共赴最艰险的战地;对待士卒如同对待爱子,他们就可以舍命杀敌。

兵之情主速,乘人之不及,由不虞之道,攻其所不戒也。《孙子·九地篇》

用兵的道理,要注重神速,乘敌方来不及防备,走敌人料想不到的道路,攻击敌军没有戒备的点。

善用兵者,譬如率然。率然者,常山之蛇也。

击其首则尾至,击其尾则首至,击其中则首尾俱至。《孙子·九地篇》

善于用兵就像一种名为"率然"的常山之蛇,打它的头,尾就来救应;打它的尾,头就来救应;打它的中段,就头尾都来救应。

投之亡地然后存,陷之死地然后生。《孙子·九地篇》

将士卒置于绝境、死地,他们就会拼命一搏,求得生存。

始如处女,敌人开户;后如脱兔,敌不及拒。《孙子·九地篇》

开战初始像处女一样示弱,敌人就会放松戒备;随后要像逃脱的兔子一样迅疾进攻,让敌人来不及抵抗。

主不可以怒而兴师,将不可以愠而致战。《孙子·火攻篇》

君主不可因发怒而兴兵,将帅不可因恼恨而打仗。

能以上智为间者,必成大功。《孙子·用间篇》

能用具有极高智慧的人去审知敌情、离间敌人的,必成大功。

《吴子》4句

吴起(？—前381年),战国时兵家代表人物之一,善用兵。曾为魏将,屡建战功。后遭迫害,逃奔楚国。佐楚悼王实行变法,"明法审令","要在强兵";"废公族疏远者",强迫旧贵族到边远地区垦荒;"捐不急之官",裁减冗员,整顿统治机构。变法促进了楚国的富强。楚悼王死,吴起被旧贵族杀害,变法因而失败。著作《吴起》四十八篇,已佚。今本《吴子》六篇系后人所托,选其有一定参考价值的四句附于本卷之末。

有四不和：不和于国，不可以出军；不和于军，不可以出阵；不和于阵，不可以进战；不和于战，不可以决胜。《吴子·图国》

有四不和：国内意志不统一，不能出兵；军队内部不团结，不能出阵；临阵行动不一致，不能作战；战斗动作不协调，不能取得胜利。

君能使贤者居上，不肖者处下，则阵已定矣；民安其田宅，亲其有司，则守已固矣；百姓皆是吾君而非邻国，则战已胜矣。《吴子·图国》

君王能使贤能的人居上位，不贤的人处下位，阵势就已稳定了；民众安居乐业，并且亲近管理者，就能够固守了；百姓都认定我方是正义的而反对敌方，那么，战争就必定取得胜利。

用兵之害，犹豫最大；三军之灾，生于狐疑。《吴子·治兵》

犹豫是用兵的最大危害，军队的灾祸由狐疑而产生。

故将之所慎者五：一曰理，二曰备，三曰果，四曰戒，五曰约。理者，治众如治寡；备者，出门如见敌；果者，临敌不怀生；戒者，虽克如始战；约者，法

令省而不烦。受命而不辞,敌破而后言返,将之礼也。故师出之日,有死之荣,无生之辱。《吴子·论将》

将帅应该慎重的有五点:理、备、果、戒、约。理就是治理众多兵卒与治理少数兵卒一样有条不紊;备就是防备森严,如同出门就见到敌人;果就是果敢,面对强敌有决死的信念;戒就是时时保持戒备,打了胜仗也像刚开始战斗一样;约就是法令简约而不繁琐。接受军令决不推辞,完全破敌而后才考虑归来,这是为将的礼节。因此出师之时,将领便应下定决心,宁可光荣战死,决不忍辱偷生。

第四卷

《墨子》
《列子》
《孟子》

《墨子》28句

墨子的降生约略和孔子的逝世衔接。在战国及汉初,孔、墨是两位常被并称的大师。[1] 有学者认为,春秋时代最伟大的思想家之一是孔丘,战国时代最伟大的思想家之一是墨翟。

在墨子看来,一切道德礼俗,一切社会制度,都应当为着"天下大利",他把自己的理想托为"天志",认为"天之欲人之相爱相利",应该做到"有力者疾以助人,有财者勉以分人",使"老而无妻子者,有所侍养,以终其寿;幼弱孤童之无父母者,有所放依,以长其身",指出"爱人者,人必从而爱之;利人者,人必从而利之"。治国理政者要"爱民谨忠,利民谨厚",要"举公义,辟私怨","量功而分禄"。他指出"国有七患",是很精辟的见解。

---

[1] 参见张荫麟:《中国史纲》。

臣下重其爵位而不言,近臣则喑,远臣则唫,怨结于民心,谄谀在侧,善议障塞,则国危矣。《墨子·亲士》

臣下都只看重自己的官爵而不进言,近处的大臣像是哑巴,远处的大臣也闭口不言,怨恨郁结在民众心中,阿谀谄媚围绕身边,有益的议论全被阻塞,国家就要危亡了。

归国宝,不若献贤而进士。《墨子·亲士》

赠送国宝,不如举荐贤能的人才。

甘井近竭,招木近伐。《墨子·亲士》

甘甜的水井容易枯竭,高大的树木很快就会被砍伐。

虽有贤君,不爱无功之臣;虽有慈父,不爱无益之子。《墨子·亲士》

即使是贤明的君王,也不会喜爱无功的臣子;即使是慈爱的父亲,也不会喜欢无用的子女。

良弓难张,然可以及高入深;良马难乘,然可以任重致远。《墨子·亲士》

良弓难以拉开,但射出的箭可以高远、深入;良马难以驾驭，但可堪重任，可以跑得更远。

君子之道也，贫则见廉，富则见义，生则见爱，死则见哀。《墨子·修身》

君子之道：贫穷时可以表现出廉洁，富贵时可以表现出义气，对待生者可以表现出爱护，对待死者可以表现出悲切。

志不强者智不达，言不信者行不果。《墨子·修身》

没有坚强的意志，就不能达到智慧的高度；说话没有诚信，行动就不会有结果。

奚以知天之欲人之相爱相利，而不欲人之相恶相贼也？以其兼而爱之，兼而利之也。奚以知天兼而爱之、兼而利之也？以其兼而有之、兼而食之也。《墨子·法仪》

从哪里知道天希望人相爱相助，而不希望人互相厌恶和残害呢？因为天是普遍地爱护和施惠众生的。从哪里知道天是普遍地爱护和施惠众生的呢？因为天是普遍地赐予人类财富和食物的。

国有七患。七患者何？城郭沟池不可守,而治宫室,一患也;边国至境,四邻莫救,二患也;先尽民力无用之功,赏赐无能之人,民力尽于无用,财宝虚于待客,三患也;仕者持禄,游者爱佼,君修法讨臣,臣慑而不敢拂,四患也;君自以为圣智而不问事,自以为安疆而无守备,四邻谋之不知戒,五患也;所信者不忠,所忠者不信,六患也;畜种菽粟,不足以食之,大臣不足以事之,赏赐不能喜,诛罚不能威,七患也。……七患之所当,国必有殃。

《墨子·七患》

国家有七种祸患:城池不坚,不能防御,却大造帝王的宫室,这是一患;侵略者大兵压境,邻国却没有来救应的,这是二患;滥用民力,滥赏无能的人,民力在无用的地方用尽,财宝在大宴宾客上花空,这是三患;当官的只看重俸禄,游说者只顾结党营私,君王制定法律惩治臣民,大臣惧怕而不敢违背君命,这是四患;君王高高在上,不问政事,自以为安全、强大,而没有守备,四邻正谋划着要来侵犯,还不知警戒,这是五患;信任的人不忠诚,忠诚的人却得不到信任,这是六患;积蓄的粮食不够食用,大臣不能办事,受赏赐的并不高兴,起不到激励作用,刑罚也起不到威慑作用,这是七患。……若存在"七患",国家必有祸殃。

仓无备粟,不可以待凶饥;库无备兵,虽有义不能征无义;城郭不备全,不可以自守;心无备虑,不可以应卒。《墨子·七患》

没有充足的粮食贮备,就不能免除凶年的饥饿;兵库中没有储备兵器,就算持有正义也不能去征伐不义;没有坚固的城防,不能抵御来犯之敌;没有必要的心理准备,不能应付突发的事变。

富贵者奢侈,孤寡者冻馁,虽欲无乱,不可得也。《墨子·辞过》

富贵的人奢侈浪费,孤寡的人忍饥受冻,社会没有不乱的。

量功而分禄,故官无常贵而民无终贱。有能则举之,无能则下之,举公义,辟私怨。《墨子·尚贤》

根据功劳来分配官禄,官员没有长久的尊贵,民众也不会永远低贱。推举有能力的,罢免无能的,秉公处置,摒除私怨。

有力者疾以助人,有财者勉以分人,有道者勤以教人。若此则饥者得食,寒者得衣,乱者得治,此安生生。《墨子·尚贤》

强有力的要勇于助人,富有的要努力救济人,有道明理的要勤敏教人。这样,饥饿的就能得到食物,寒冷的就能得到衣服,混乱的就能得到治理,众生就可以得到安定。

上之为政,得下之情则治,不得下之情则乱。《墨子·尚同》

主持政事的,了解下情就容易治理,不了解下情就会发生动乱。

仁人之所以为事者,必兴天下之利,除去天下之害。《墨子·兼爱》

仁人所做的事,必定是为天下兴利除害。

爱人者,人必从而爱之;利人者,人必从而利之;恶人者,人必从而恶之;害人者,人必从而害之。《墨子·兼爱》

爱人的人,人必爱他;利人的人,人必利他;厌恶别人的人,也会招人厌恶;伤害别人的人,也会伤害自己。

昔者,楚灵王好士细腰,王之臣皆以一饭为节,胁息然后带,扶墙然后起。比期年,朝有黧黑之

色。是其故何也？君说之，故臣能之也。《墨子·兼爱》

从前，楚灵王喜欢细腰的男子，朝中的臣属每天只吃一顿饭，屏着气然后才把腰带束紧，扶着墙才能站立。一年之后，人皆瘦弱不堪，有的脸都黑了。这是什么缘故？君王有所喜好，臣属就会去做。

不为大国侮小国，不为众庶侮鳏寡，不为暴势夺穑人黍稷狗彘。《墨子·兼爱》

不倚仗是大国去欺侮小国，不倚仗人多去欺凌寡弱伤残，不倚仗暴力和权势去劫夺农民的粮食和财产。

老而无妻子者，有所侍养，以终其寿；幼弱孤童之无父母者，有所放依，以长其身。《墨子·兼爱》

年老没有妻子子女的，能得到奉养，从而安享晚年；幼弱没有父母的，能有所依靠，从而健康成长。

言必信，行必果。《墨子·兼爱》

说话一定要有诚信，行动一定要有结果。

用财不费，民德不劳，其兴利多矣。《墨子·节用》

不浪费有用资财,民众能够不劳苦,兴起的利益就多了。

爱民谨忠,利民谨厚。《墨子·节用》

尽心竭力地爱护民众,谨慎厚笃地为民众谋取利益。

兴天下之利,除天下之害。《墨子·节葬》

兴起有利天下的事,消除危害天下的事。

顺天意者,兼相爱,交相利,必得赏。反天意者,别相恶,交相贼,必得罚。《墨子·天志》

顺应天意的,互相爱护,利益相交,必定得到奖赏;违反天意的,互生恶念,互相残害,必会受到惩罚。

义正者何若?曰:大不攻小也,强不侮弱也,众不贼寡也,诈不欺愚也,贵不傲贱也,富不骄贫也,壮不夺老也;是以天下之庶国,莫以水火毒药兵刃以相害也。《墨子·天志》

正义是什么呢?就是:大国不攻伐小国,强者不欺凌弱者,人众不残害人少,聪明人不欺骗笨人,富贵者不傲视贫贱者,年轻人不掠夺老人;天下各国都不要用水火、毒药、兵器来互相残害。

墨子见染丝而叹曰：染于苍则苍，染于黄则黄，非独染丝然也，国家亦有染。《墨子闲诂·附录》

墨子见到染丝，感叹说："用青的颜料去染，就变成青色，用黄的颜料去染，就变成黄色；不仅染丝是这样，对国家来说也是这个道理呵！"

君子如钟，扣则鸣，不扣则不鸣。美女处不出，则争求之，行而自衒，人莫之娶。《墨子闲诂·附录》

君子就像钟，敲击就会发出声响，不敲就不响。美女娴静自处，就有人争着追求她，跑出去到处炫耀，就没有人想娶她。

甘瓜苦蒂，天下物无全美。《墨子闲诂·附录》

甜瓜的蒂是苦的，天下没有完美的东西。

《列子》3句

列御寇,战国时思想家,郑人。《庄子》中有许多关于他的传说。《吕氏春秋》说:"子列子贵虚。""虚"即清静无为,因此,后之道家尊他为前辈。《列子》相传为列御寇撰。汉初孝景帝时"贵黄老术",此书"颇行于世"(张湛语),但后来散落民间。今本《列子》八篇当是晋人所辑,内容多为民间故事、寓言和神话传说。这里的选句述及有关生、老、死的辩证观,愚公移山和九方皋相马的寓言故事。

人胥知生之乐,未知生之苦;知老之惫,未知老之佚;知死之恶,未知死之息也。《列子·天瑞》

人只看到生的欢乐,不知道生的愁苦;只知年老的疲惫,不知年老的安逸;只知死的坏处,不知死也是最终的休息。

虽我之死,有子存焉,子又生孙,孙又生子,子又有孙。子子孙孙,无穷匮也,而山不加增,何苦而不平!《列子·汤问》

(北山愚公说:)即使我死了,还有儿子在,儿子又生了孙子;孙子还会生子,他的儿子还会给他生孙子。子子孙孙,没有穷尽;山,却不会增高,这样,我何愁最终不能把山挖平!

得其精而忘其粗,在其内而忘其外;见其所见,不见其所不见;视其所视,而遗其所不视。若皋之相马,乃有贵乎马者也。《列子·说符》

看到它的精微而忽略它的粗陋,在意它的内在而忘记它的外表;见到该见的而不见不必见的;考察该看的而忽视不需看的。这就是九方皋相马的神妙,比相马本身更重要。

《孟子》59句

孟子曾受业于孔子之孙子思的门下,是战国中期儒家学派中的大师。他发挥和发展了孔子的学说,使儒家学派的理论体系臻于成熟,被称为"亚圣"。孟子最主要的政治思想,是分辨"义"、"利",认为上下交相争利,王国就会危险。孟子明确提出"民为贵,社稷次之,君为轻",君王应该行"仁政",应该"乐民之乐"、"忧民之忧",要"保民而王",治国的宗旨是"民事不可缓也"。不能为民谋福利的,"有官守者,不得其职则去"。

孟子主张人性善,他认为"人之所以异于禽兽",是因为人生来就有恻隐之心、羞恶之心、辞让之心、是非之心,这四者必然趋向仁、义、礼、智。他重视人性的修养,说"我善养吾浩然之气","富贵不能淫,贫贱不能移,威武不能屈",要"闻过则喜","善与人同,舍己从人,乐取于人以为善"。《孟子》中许多名言警句,最为后人津津乐道。

不违农时,谷不可胜食也;数罟不入洿池,鱼鳖不可胜食也;斧斤以时入山林,材木不可胜用也。《孟子·梁惠王章句》

不违误农作时间,粮食就吃不完;不让细密的渔网进入池塘,鱼鳖就吃不完;依时节有节制地砍伐林木,木材就用不完。

保民而王,莫之能御也。《孟子·梁惠王章句》

为了保护民众而称王,就不可抵御。

君子之于禽兽也,见其生不忍见其死,闻其声不忍食其肉。《孟子·梁惠王章句》

君子对于禽兽,见到它鲜活的样子就不忍心看到它死,听到它发出的声音就不忍心吃它的肉。

挟太山以超北海,语人曰"我不能",是诚不能也;为长者折枝,语人曰"我不能",是不为也,非不能也。《孟子·梁惠王章句》

挟着泰山去跨越北海,对人说"我不能",那是真的不能;为年长的人去折一根树枝,对人说"我不能",那是不想去做,不是真的不能。

老吾老以及人之老,幼吾幼以及人之幼。《孟子·梁惠王章句》

敬爱自己年老的父母,推及敬爱别人家的老人;爱护自己年幼的子女,推及爱护别人家的幼孩。

权然后知轻重,度然后知长短。物皆然,心为甚。《孟子·梁惠王章句》

称量之后才能知道轻重,度量之后才能知道长短。对物体都应这样,对人心更需如此。

独乐乐,与人乐乐,孰乐?曰:不若与人。与少乐乐,与众乐乐,孰乐?曰:不若与众。《孟子·梁惠王章句》

欣赏音乐,独自一人和与别人一起,与少数人和与众多人一起,怎样更快乐呢?当然是与别人一起、与众多人一起更快乐。

乐民之乐者,民亦乐其乐;忧民之忧者,民亦忧其忧。《孟子·梁惠王章句》

以民众的快乐为快乐,民众亦以他的快乐为快乐;为民众的忧愁而忧愁,民众亦为他的忧愁而忧愁。

虽有智慧,不如乘势;虽有镃基,不如待时。《孟子·公孙丑章句》

虽有聪明智慧,不如乘势而上;虽有好的锄头,不如等待农时。

(昔者曾子谓子襄曰:)吾尝闻大勇于夫子矣。自反而不缩,虽褐宽博,吾不惴焉;自反而缩,虽千万人,吾往矣。《孟子·公孙丑章句》

(从前,曾子对子襄说:)我曾经听老师孔子讲过什么是大勇。自己先想清楚,如果理由不正,即使面对穿粗麻布的穷人,我也不去吓唬人家;如果真理在手,即使面对千万人,我也勇往直前。

我善养吾浩然之气。其为气也,至大至刚,以直养而无害,则塞于天地之间。《孟子·公孙丑章句》

我善于涵养自己的浩然大气。这种"气",最宏大最刚强,用正义去培养而不加以损害,它便会充塞于天地之间。

以力服人者,非心服也,力不赡也;以德服人者,中心悦而诚服也。《孟子·公孙丑章句》

以力服人的,不能使人心服,只是力量不如;以德服人的,才能使人心悦诚服。

祸福无不自己求之者。《孟子·公孙丑章句》
祸福没有不是自己求来的。

人皆有不忍人之心。无恻隐之心,非人也;无羞恶之心,非人也;无辞让之心,非人也;无是非之心,非人也。《孟子·公孙丑章句》
人都有不忍使人处于痛苦之中的心,没有同情心、羞耻心、谦逊退让心、明辨是非心的人,都不是正常的人。

子路,人告之以有过则喜;禹闻善则拜。《孟子·公孙丑章句》
子路,听别人指出自己的过错,就欢喜;大禹,听到善言就会礼拜。

大舜有大焉,善与人同,舍己从人,乐取于人以为善。《孟子·公孙丑章句》
大舜又超过了他们(子路和禹),好的品德与人同享;学习别人的优点,舍弃自己的缺点;乐于吸取别人的长处,以修养自己的品德。

天时不如地利,地利不如人和。《孟子·公孙丑章句》

适逢天时不如地形有利,地形有利不如人心和谐。

域民不以封疆之界,固国不以山溪之险,威天下不以兵革之利。《孟子·公孙丑章句》

不能以划定疆界线来封锁国民,不能靠山川形势的险要来防守国土,不能以武器装备的先进来威慑天下。

得道者多助,失道者寡助。《孟子·公孙丑章句》

合乎道义就会有更多的拥护和帮助;违背道义只会有很少的跟随附和。

有官守者,不得其职则去。《孟子·公孙丑章句》

做官的不能尽其职守,就应当去职不干。

上有好者,下必有甚焉者矣。《孟子·滕文公章句》

领导者如有欲好,下属必定会变本加厉。

滕文公问为国,孟子曰:民事不可缓也。《孟子·滕文公章句》

滕文公询问治国大要，孟子说："民众的事要赶紧办理，不可迟缓。"

有恒产者有恒心，无恒产者无恒心。苟无恒心，放辟邪侈，无不为已。《孟子·滕文公章句》

民众有固定资产，并且得到保障，就会有"恒心"去珍惜这个现实；民众没有固定资产，就无法安心。如果没有"恒心"，那就会放任自己的行为，为非作歹，而无所顾忌。

贤君必恭俭礼下，取于民有制。《孟子·滕文公章句》

贤明的君主必定恭敬、俭约，礼贤下士，向民众征收赋税依据合理的制度。

当尧之时，天下犹未平。洪水横流，泛滥于天下，草木畅茂，禽兽繁殖，五谷不登，禽兽逼人，兽蹄鸟迹之道交于中国。尧独忧之，举舜而敷治焉。舜使益掌火，益烈山泽而焚之，禽兽逃匿。禹疏九河，瀹济漯而注诸海，决汝汉、排淮泗而注之江，然后中国可得而食也。当是时也，禹八年于外，三过其门而不入。……后稷教民稼穑，树艺五谷，五谷熟而民人育。人之有道也，饱食、暖衣、逸居而无教,则近于禽兽。圣人有忧之,使契为司徒,教以人伦,父子有亲,君臣有义,夫妇有别,长幼有叙,朋友有信。放勋曰:"劳之来之,匡之直之,辅之翼之,使自得之,又从而振德之。"《孟子·滕文公章句》

尧的时候,天下还没有安定。洪水肆意流淌,到处泛滥,杂草树木随处疯长,粮食果蔬难有收获,飞禽走兽大量繁殖,侵夺人类生存环境,中土处处交错兽蹄鸟迹形成的道路。尧深深忧虑,推举舜进行治理。舜委派益掌管火职,益焚烧山泽处的草木,驱赶禽兽。禹负责治水,疏通了济水、漯河,使之注入大海,挖开汝河、汉水的缺口,清理淮水、泗水淤塞的河道,使之注入长江,然后中原大地才可以耕种。那时候,禹在野外辛劳八年,三次经过家门都没有进入。……后稷教民众耕种庄稼,种植五谷,收得粮食因而得以养育百姓。人,如果只图吃饱、穿暖、居住安逸,而不予教化,则和禽兽也差不多了。圣人忧虑这件事,又委派契为司徒,负责教化人伦,使父子互相亲爱,君臣讲求大义,夫妻各负其责,长幼皆守秩序,朋友都讲诚信。尧说:"对于民众,要安排好他的劳作,匡正他的差错,使他能够诚实正直地生活,要帮助他,使他能够安然自得,在此基础上提高他的道德品质。"

富贵不能淫,贫贱不能移,威武不能屈。《孟

子·滕文公章句》

富贵不能使我骄奢淫逸,贫贱不能使我移易志向,威武不能叫我屈服顺从。

庖有肥肉,厩有肥马,民有饥色,野有饿莩,此率兽而食人也。《孟子·滕文公章句》

厨房堆着肥美的肉食,厩里养着健美的骏马,百姓却饿得脸有饥色,野外还躺着饿死之人的尸骨,这就是领着猛兽来吃人啊!

顺天者存,逆天者亡。《孟子·离娄章句》

顺应天道的就生存,违逆天道的就灭亡。

人必自侮然后人侮之,家必自毁而后人毁之,国必自伐而后人伐之。《太甲》曰:天作孽,犹可违;人作孽,不可活。《孟子·离娄章句》

人,必定轻贱了自己,别人才来侮辱;家,必定自毁根本,别人才来毁灭;国,必定自行破坏,别人才来征伐。《尚书·太甲》中说:"天做了坏事,人还可以违抗它;人做尽了坏事,就无法拯救了。"

民之归仁也,犹水之就下,兽之走圹也。故为

渊驱鱼者獭也,为丛驱雀者鹯也,为汤武驱民者桀与纣也。《孟子·离娄章句》

民众归向仁,就像水流向低处,野兽跑向旷野。因此,把鱼赶往深渊的是水獭,把鸟雀赶往丛林的是鹯鹰,把民众赶往商汤和周武王那里的,是夏桀和商纣。

君视臣如手足,则臣视君如腹心;君视臣如犬马,则臣视君如国人;君视臣如土芥,视臣视君如寇仇。《孟子·离娄章句》

君对待臣亲如手足,臣珍爱君则如同心腹;君对臣像犬马一样驱使,臣对君就会像对陌生人一样漠视;君看待臣像泥土和草芥,臣看待君就会像强寇和仇敌。

君子深造以道,欲其自得之也。自得之,则居之安;居之安,则资之深;资之深,则取之左右逢其原。故君子欲其自得之也。《孟子·离娄章句》

君子依照正确的方法来加深造诣,是希望能自有所得。自己获得,就能牢固地掌握;牢固掌握,就能积累得深厚;积累深厚,运用起来就能得心应手。所以君子要自觉地有所得。

人之所以异于禽兽者几希,庶民去之,君子存

之。舜明于庶物,察于人伦,由仁义行,非行仁义也。《孟子·离娄章句》

人类与禽兽的差异只有一点儿。一般人丢弃了它,君子则保存了它。舜明白万事万物的道理,明察人伦之道,真正以仁义之心行事,而不是以仁义之名敷衍塞责。

禹恶旨酒而好善言;汤执中,立贤无方;文王视民如伤,望道而未之见;武王不泄迩,不忘远;周公思兼三王,以施四事,其有不合者,仰而思之,夜以继日,幸而得之,坐以待旦。《孟子·离娄章句》

禹厌恶美酒而爱听有益的话;汤秉持中正之道,任用贤能而不问他来自何方;文王对待民众如对伤病之人,不会轻易去侵扰他们,望见"大道"却像没看见一样;武王任用贤能的人,近处的不会怠慢,远处的也不会忘记;周公想要兼有夏、商、周三代君王的功业,实践这四种美德,有不合理的,就反复思考,白天连着黑夜,一旦想明白了,便坐等天亮,尽快付诸实施。

君子之泽,五世而斩。《孟子·离娄章句》
君子留给后人的恩泽,五代以后便断绝了。

西子蒙不洁,则人皆掩鼻而过之。《孟子·离娄

章句》

如果西施身上蒙上污垢,人们走过她身旁,也会掩着鼻子。

仁者爱人,有礼者敬人。爱人者人恒爱之,敬人者人恒敬之。《孟子·离娄章句》

仁慈的人爱护人,有礼的人敬重人。爱护人的,人也总是爱他;敬重人的,人也总是敬他。

君子有终身之忧,无一朝之患也。乃若所忧则有之:舜,人也;我,亦人也。舜为法于天下,可传于后世;我犹未免为乡人也,是则可忧也。《孟子·离娄章句》

君子有终身的忧虑,没有一时的忧患。比如说这样的忧虑是有的:舜是人,我也是人。舜可以做天下的榜样,传扬后世;我则普普通通,一事无成,这是应该忧虑的。

禹思天下有溺者,由己溺之也;稷思天下有饥者,由己饥之也。《孟子·离娄章句》

禹想到天下间有被水淹没的人,就好像自己正被淹一样;后稷想到天下间有饥饿的人,就好像自己正挨饿一样。

世俗所谓不孝者五：惰其四支，不顾父母之养，一不孝也；博弈好饮酒，不顾父母之养，二不孝也；好货财，私妻子，不顾父母之养，三不孝也；纵耳目之欲，以为父母戮，四不孝也；好勇斗很，以危父母，五不孝也。《孟子·离娄章句》

世俗所说的不孝有五种：懒惰，四体不勤，不顾赡养父母，是一不孝；赌博，好饮酒，不顾赡养父母，是二不孝；贪恋财物，只顾妻子儿女，不顾赡养父母，是三不孝；放纵声色之欲，使父母蒙羞，是四不孝；好勇斗狠惹祸，给父母带来危害，是五不孝。

闻伯夷之风者，顽夫廉，懦夫有立志。闻柳下惠之风者，鄙夫宽，薄夫敦。《孟子·万章章句》

闻知伯夷的风骨，贪婪的人会变得廉洁，懦弱的人会立志刚强。闻知柳下惠的风骨，鄙狭的人会变得大度，刻薄的人会变得敦厚。

思天下之民，匹夫匹妇，有不与被尧舜之泽者，如己推而内之沟中，其自任以天下之重也。《孟子·万章章句》

想到天下的民众,哪怕是最普通的男人女人,只要有一人不能享有尧舜这样贤明君王的恩德,都仿佛自己把他们推到沟里去一样,这是伊尹以天下为己任的担当。

人性之善也,犹水之就下也。人无有不善,水无有不下。今夫水搏而跃之,可使过颡;激而行之,可使在山。是岂水之性哉?其势则然也。《孟子·万章章句》

人性向善,就像水流向下。人没有不善良的,就像水没有不向下流的。拍击水面,水花会越过你的额头;阻遏水势使之激流,可以涌上高山。那不是水的本性,是情势造成的。

口之于味,有同耆焉;耳之于声,有同听焉;目之于色,有同美焉。至于心,独无所同然乎!心之所同然者,何也?谓理也义也。《孟子·告子章句》

口,对于美味,有共同的嗜好;耳,对于声音,有共同的感听;目,对于美色,有共同的认知。心,难道会偏偏没有共同认可的吗?人心共同认可的是什么呢?是理,是义。

不专心致志,则不得也。《孟子·告子章句》
不能一心一意,聚精会神,就学不好(下棋)。

鱼我所欲也,熊掌亦我所欲也,二者不可得兼。《孟子·告子章句》

鱼是我想要的,熊掌也是我想要的,两样不可能一齐得到。

所欲有甚于生者,所恶有甚于死者。《孟子·告子章句》

想要的,有比生命更重要的;所厌恶的,有比死亡更厉害的。

天将降大任于是人也,必先苦其心志,劳其筋骨,饿其体肤,空乏其身,行拂乱其所为,所以动心忍性,增益其所不能。《孟子·告子章句》

天将要把大任交付给此人,必定先使他的精神意志痛苦,使他的筋骨劳累,使他的躯体挨饿,使他经受贫穷,扰乱他的种种作为,从而磨炼他的心志,使他的性情坚忍,增加他原本不具备的能力。

生于忧患而死于安乐。《孟子·告子章句》

历经忧患可以增强生存能力,贪图安乐就容易死灭。

得志泽加于民,不得志修身见于世。穷则独善

其身,达则兼善天下。《孟子·尽心章句》

如果有机会施展抱负,就努力为民造福,泽惠民众;如果没有这种机遇,就好好修习自己的品德和本领。穷困时就修养身心,做好自己;通达时就致力于使天下变得更美好。

待文王而后兴者,凡民也。《孟子·尽心章句》

要等待像文王那样贤明的君主,然后才能兴起的,那是凡庸的人。

君子有三乐。父母俱存,兄弟无故,一乐也;仰不愧于天,俯不怍于人,二乐也;得天下英才而教育之,三乐也。《孟子·尽心章句》

君子有三乐:父母都健康地生活着,兄弟也都平安,这是一乐;上无愧于天,下无愧于人,这是二乐;能够教育天下优秀人才,这是三乐。

掘井九仞而不及泉,犹为弃井也。《孟子·尽心章句》

(做事好比)掘井,即使深到九仞,只要没见到水,就仍然是废井。

居移气,养移体。《孟子·尽心章句》

居处的环境能改变人的气质,奉养的好坏能改变人的体质。

仁者以其所爱,及其所不爱。《孟子·尽心章句》
仁者把他所爱的,推及他所不爱的。

尽信书,则不如无书。《孟子·尽心章句》
盲目信从书上写的内容,还不如没有这书。

民为贵,社稷次之,君为轻。《孟子·尽心章句》
百姓最为重要,其次是国家,君王最为轻微。

言近而指远者,善言也;守约而施博者,善道也。《孟子·尽心章句》
言语浅近而含义深远,这是有益之言;所持俭约而施与广大,这是有益之道。

孔子曰:恶似而非者。《孟子·尽心章句》
孔子说:"最讨厌那些似是而非的东西。"

第五卷

《庄子》

《楚辞》

《庄子》57句

公元前323年,"六国皆称王之年",庄子47岁。他亲历"王天下"分崩离析的过程,身处"礼崩乐坏"的极度乱世,他既不愿意被专制君主役使,更不愿对专制庙堂屈服。[①] 楚王曾派使者聘他为相,他说,我听说"楚有神龟,死已三千岁矣,王以巾笥而藏之庙堂之上",可我不愿"死为留骨而贵",只愿"生而曳尾于涂中"。庄子崇尚"平易恬淡"的生活,认为:不克制意志便能高洁,不讲求仁义就能使身心得到修养,不追求功业名声便能使天下太平,不隐居江海也得静闲,不用导引之术而得高寿,忘掉这一切,又具备这一切。淡然至极,而一切美好的东西都随之而来,这就是"天道之道,圣人之德"。

---

① 参见张远山:《庄子奥义》。

他以批判的精神去学习和认识此前的诸家学说,以更为明智和透彻的态度去看待宇宙和社会人生。认为"天地固有常","天无私覆,地无私载","圣人处物不伤物";"道不欲杂",要"与时俱化"、"以和为量";要归真返璞,"安时处顺","全汝形,抱汝生"。庄子善用恢奇的譬喻解说玄妙的道理,他的著作是哲学和文学的结合。论其想象的瑰丽和情思的飘逸,只有稍后的楚国大诗人、《离骚》的作者屈原,可以和他相比。

鹏之徙于南冥也,水击三千里,抟扶摇而上者九万里,去以六月息者也。野马也,尘埃也,生物之以息相吹也。天之苍苍,其正色邪?其远而无所至极邪?其视下也,亦若是则已矣。《庄子·逍遥游》

这种鹏鸟向南方的大海迁徙,拍打翅膀可以掀动三千里水面,乘着风势而上,直向九万里高空,离开北方南飞六个月,方才止息。山中浮动的雾气,空中弥漫的尘埃,都是因生物用气息相吹而形成。天深蓝,这就是它的本色吗?还是因为天无限高远,看不到边际?当鹏鸟俯视下界,所看到的也不过像这样而已。

水之积也不厚,则其负大舟也无力。覆杯水于坳堂之上,则芥为之舟,置杯则胶,水浅而舟大也。风之积也不厚,则其负大翼也无力,故九万里,则风斯在下矣,而后乃今培风,背负青天而莫之夭阏者,而后乃今将图南。《庄子·逍遥游》

积聚的水如果不深,就无力浮起大船。倒一杯水在堂前的凹地,芥草浮在上面就是小船了,放一只水杯在上面就动不了了,是因为水浅而船大。聚集的风如果不大,就无力载负巨大的双翼,因而大鹏扶摇而上九万里,疾风在下面劲吹,然后才能凭借风力,背负蓝天而无可阻挡,才能够一路南飞。

小知不及大知,小年不及大年。奚以知其然也?朝菌不知晦朔,蟪蛄不知春秋,此小年也;楚之南有冥灵者,以五百岁为春,五百岁为秋,上古有大椿者,以八千岁为春,八千岁为秋,此大年也。《庄子·逍遥游》

小智慧不及大智慧,寿命短不及寿命长。怎么知道会是这样呢?有一种早上生的菌,活不过一天,不知道白天和黑夜;寒蝉春生夏死、夏生秋死,活不过一年,不知道春秋,这就叫短寿。楚国的南方有一种大树叫"冥灵",以五百年为春,五百年为秋;上古有"大椿"树,以八千年为春,八千年为秋,这就叫长寿。

举世誉之而不加劝,举世非之而不加沮;定乎内外之分,辩乎荣辱之境。《庄子·逍遥游》

全世界称誉也不会因而受到激励,全世界反对也不会因之感到沮丧;外界扰乱不了他平静的内心,他已经认清自我与外物的分别,辨明了荣与辱的不同境界。

鹪鹩巢于深林,不过一枝;偃鼠饮河,不过满腹。《庄子·逍遥游》

鹪鹩栖息在密密的深林,只不过占有一根树枝;偃鼠在河边饮水,只不过喝了满满一肚子。

藐姑射之山,有神人居焉,肌肤若冰雪,绰约若处子,不食五谷,吸风饮露,乘云气,御飞龙,而游乎四海之外。《庄子·逍遥游》

遥远的姑射山上,有神人居住。肌肤像冰雪白皙,姿态柔美如同处女,不食人间五谷,呼吸清风,饮用甘露,乘着云气,驾驭飞龙,遨游在四海之外。

夫天籁者,吹万不同,而使其自已也,咸其自取,怒者其谁邪?《庄子·齐物论》

天籁,风吹万窍声音不同,都是自由自在地发声或停止,毋需外力的支配。

大知闲闲,小知间间;大言炎炎,小言詹詹。《庄子·齐物论》

有大智慧的人闲雅豁达,有小聪明的人锱铢必较;合乎大道的言论像大火烈焰,耍小聪明的话语琐碎纷乱,喋喋不休。

彼亦一是非,此亦一是非。《庄子·齐物论》

事物的那一面存在着一种是与非,这一面同样也存在着另一种是与非。

大道不称,大辩不言,大仁不仁,大廉不谦,大勇不忮。《庄子·齐物论》

最高的真理不需要称扬,最善辩的不需要言说,最仁爱的不需要显摆,最廉洁的不需要谦让,最勇敢的不会造成伤害。

昔者庄周梦为蝴蝶,栩栩然蝴蝶也,自喻适志与,不知周也。俄然觉,则蘧蘧然周也。不知周之梦为蝴蝶与,蝴蝶之梦为周与?周与蝴蝶,则必有分矣。此之谓"物化"。《庄子·齐物论》

从前庄周梦见自己变成蝴蝶,一只翩翩飞舞、快乐自由的蝴蝶。不知道自己本是庄周。顷刻间醒来,惊疑地发现自己仍是庄周。不知是庄周做梦变成蝴蝶,还是蝴蝶做梦变成庄周。庄周与蝴蝶终究是不一样的。这就叫"物化"。

吾生也有涯,而知也无涯。以有涯随无限,殆已;已而为知者,殆而已矣。为善无近名,为恶无近刑。缘督以为经,可以保身,可以余生,可以养

亲,可以尽年。《庄子·养生主》

我们的生命有限,而知识却是无限。以有限的生命去追求无限的知识,就会精疲力尽;既然如此还去追求知识,那就只剩疲困了。做好事不贪图名利,不做不好的事触犯法律,把顺着自然规律作为常法,就可以保护自身,保全天性,养护精神,安享天年。

泽雉十步一啄,百步一饮,不蕲畜乎樊中。《庄子·养生主》

泽畔野鸡,宁愿走十步远去啄食,走百步远去饮水,也不希望被关在囚笼里。

适来,夫子时也;适去,夫子顺也。安时而处顺,哀乐不能入也。《庄子·养生主》

正该来时,先生(老子)应时来到这世间;正该去时,先生顺时离开这世间。安于时势,顺应自然规律,哀乐就不能进入心中。

指穷于为薪;火传也,不知其尽也。《庄子·养生主》

薪柴会烧完,火种却传下去,不会穷尽。

道不欲杂,杂则多,多则扰,扰则忧,忧而不救。
《庄子·人间世》

人生之道不要繁杂,繁杂就会头绪众多,就会困扰,就会带来忧患,这样,就不能保持自心清净,更谈不上救济世道人心了。

名也者,相轧也;知也者,争之器也。《庄子·人间世》

名是相互倾轧的原因,智是相互争斗的武器。

人莫鉴于流水,而鉴于止水。《庄子·德充符》

人不能以流水作为镜鉴,只能在静止的水面照见自己。

(平者)内保而外不荡也。《庄子·德充符》

(均平的状态下,水)保有内蕴,而外部毫无所动。

道与之貌,天与之形,无以好恶内伤其身。《庄子·德充符》

道赋予人形貌,天赋予人形体,不要以好恶伤害自己的身心。

泉涸,鱼相与处于陆,相呴以湿,相濡以沫,不如相忘于江湖。《庄子·大宗师》

泉水干涸,群鱼都搁浅在陆地上,互相嘘气,互相用唾沫润湿着身体,以求生存。这时候,真不如在江湖之水中游泳而各自相忘。

大块载我以形,劳我以生,佚我以老,息我以死。故善吾生者,乃所以善死也。《庄子·大宗师》

大自然赋予我形体使我负载,赋予我生命使我劳碌,使我变老以得到安闲,使我死亡以得到安息。所以能把活着当作好事,也就能把死去当作好事了。

夫道,有情有信,无为无形;可转而不可受,可得而不可见;自本自根,未有天地,自古以固存;神鬼神帝,生天生地;在太极之先而不为高,在六极之下而不为深,先天地生而不为久,长于上古而不为老。《庄子·大宗师》

道,真实可信,无为且没有形相,可以流传而不可以传授,可以得到却不能够看见;自己便是本根,没有天地之前就已经存在;鬼神天帝因它而化,天地因它而生;在太极之上而不为高,在六合之下而不为深,生在天地之先而不为亘久,长于上古之时却不为老。

天无私覆，地无私载。《庄子·大宗师》

天覆盖万物，地载负万物，都没有偏私。

至人之用心若镜，不将不迎，应而不藏，故能胜物而不伤。《庄子·应帝王》

至人的心像一面镜子，已经照过的不去送，还没有照的不去迎，正在照的就真实反映，无所隐藏，因此能够承受万物而不受伤害。

小惑易方，大惑易性。《庄子·骈拇》

小的迷惑会改变人的方向，大的迷惑会改变人的本性。

人含其明，则天下不铄矣；人含其聪，则天下不累矣；人含其知，则天下不惑矣；人含其德，则天下不僻矣。《庄子·胠箧》

人们都保有原本的视觉，天下就不会有毁坏；人们都保有原本的听觉，天下就没有忧患；人们都保有原本的智慧，天下就不会有迷惑；人们都保有原本的品德，天下就没有邪恶。

上悖日月之明，下烁山川之精，中堕四时之施，

惴耎之虫,肖翘之物,莫不失其性。《庄子·胠箧》

(一味追求智巧)对上而言遮蔽了日月的光辉,对下而言消蚀了山川的精华,对中间而言毁坏了四时的交替,就连地上的爬虫,空中的飞蛾,都会失去它们的本性。

使人喜怒失位,居处无常,思虑不自得,中道不成章,于是乎天下乔诘卓鸷,而后有盗跖、曾、史之行。《庄子·在宥》

如果使人们喜怒无常,居处不定,思虑不得要领,行事中途就乱了章法;那么,天下间就会出现各种不平与不合理,而后像盗跖或者曾参、史鲥做的那些事情,都会发生。

老聃曰:女慎无撄人心。人心排下而进上,上下囚杀,淖约柔乎刚强。廉刿雕琢,其热焦火,其寒凝冰。其疾俛仰之间而再抚四海之外,其居也渊而静,其动也县而天,偾骄而不可系者,其唯人心乎!《庄子·在宥》

老子说:"你要谨慎,别去扰乱人心。人心受压抑就会颓丧,受推崇就会振奋,但无论颓丧还是振奋,都像是被囚禁和伤害一样,轻轻抚慰才能软化刚强。受到伤害时就像被切割雕刻,情绪激烈时热得像烈土,情绪低落时寒得像凝冰。它变化迅疾,俯仰之间就可再次遨游四海之外;它静处时像深渊一般宁静,活动时高悬于天一般腾跃;奋发矜骄,不可束缚,这恐怕只有人心吧!

乱天之经,逆物之情,玄天弗成;解兽之群,而鸟皆夜鸣,灾及草木,祸及止虫,意,治人之过也!
《庄子·在宥》

扰乱自然规律,违背事物常情,上天不会令他成功;群居的野兽离散,飞翔的鸟儿夜鸣,草木昆虫都受到祸害,啊,这都是"治"人的罪过啊!

无为为之谓天,无为言之谓德,爱人利物之谓仁,不同同之之谓大,行不崖异之谓宽,有万不同之谓富,故执德之谓纪,德成之谓立,循于道之谓备,不以物挫志之谓完。君子明于此十者,则韬乎其事,心之大也。《庄子·天地》

用无为的态度,依照自然规律行事,叫作"天";用无为的态度去说话,才是"德";爱护他人,利益众生,就是"仁";从不同事物中看到同一,就是"大";行为不孤傲偏执,就是"宽";能包容万般不同,就是"富";所以执守道德规范叫作"纪";自觉形成德行就是"立";遵循道就是"备";不因任何外部力量而挫伤自己的心志就是"完":君子明白了这十个方面,就可以包容一切事物,就是心志伟大。

居无思,行无虑,不藏是非美恶,四海之内共利之之谓悦,共给之之为安。《庄子·天地》

居处和行动都无需不必要的思虑,不私藏分别是非美恶的观念,四海之内共享利益,这才是真的喜悦;人人都得到所需物资的保障,社会就安宁。

天地固有常矣,日月固有明矣,星辰固有列矣,禽兽固有群矣,树木固有立矣,夫子亦放德而行,循道而趋,已至矣。《庄子·天道》

天地本有固定的运行规律,日月本有自身的光明,星辰本有自身的序列,禽兽各有群体,树木本就直立,先生你也依仿自然天性行事,顺着自然规律前进,这已经是极好的了。

礼义法度者,应时而变者也。《庄子·天运》

礼义法度,是随着时势而变化的。

播穅眯目,则天地四方易位矣;蚊虻噆肤,则通昔不寐矣。《庄子·天运》

扬撒糠屑迷了眼,也会让天地四方都变了位置;蚊虫叮咬皮肤,也会让人通宵都不能安眠。

鹄不日浴而白,乌不日黔而黑。《庄子·天运》

白天鹅不每天沐浴,也是洁白的;黑乌鸦不每天暴晒,也是黑的。

不刻意而高,无仁义而修,无功名而治,无江海而闲,无道引而寿,无不忘也,无不有也。澹然无极,而众美从之,此天道之道,圣人之德也。《庄子·刻意》

不克制意志便能高洁,不讲求仁义就能修身,不追求功业名声便能使天下太平,不隐居江海也得静闲,不用导引之术而得高寿,忘掉上面这一切,而又具备这一切。淡然至极,而一切美好的东西都随之而来,这就是天道,圣人之规律。

平易恬淡,则忧患不能入,邪气不能袭,故其德全而神不亏。《庄子·刻意》

淡泊平静,忧患就不能影响,邪气就不能侵袭,就德性完备而精神不损。

形劳而不休则弊,精用而不已则竭。《庄子·刻意》

身体劳累而不休息,就会疲困;精力使用过度而不止歇,就会衰竭。

井蛙不可以语于海者,拘于虚也;夏虫不可以语于冰者,笃于时也。《庄子·秋水》

不可以同井底的青蛙谈论大海的辽阔,因为有空间的拘束;不可以同夏天的小虫谈论冰冻的寒冷,因为有时节的局限。

吾在天地之间,犹小石小木之在大山也,方存乎见少,又奚以自多!《庄子·秋水》

我存在于天地之间,就如同一枚小石子、一棵小树,存在于大山之间,正以为自身实在渺小,又哪里会自满自负呢!

察于安危,宁于祸福,谨于去就,莫之能害也。《庄子·秋水》

(道德高尚的人)明察安危,安于祸福,谨慎地对待去留,就没有什么能够伤害他们。

牛马四足,是谓天;落马首,穿牛鼻,是谓人。故曰,无以人灭天,无以故灭命,无以得殉名,谨守而勿失,是谓反其真。《庄子·秋水》

牛马生着四足,这是天性;给马戴上笼头,给牛穿上鼻绳,就是人为。所以说,不要人为毁灭天性,不要用故意造作去毁灭天命,不要以德行去为名利殉葬,谨守天道勿使丧失,这就叫返归本真。

吾闻楚有神龟,死已三千岁矣,王以巾笥而藏之庙堂之上。此龟者,宁其死为留骨而贵乎?宁其生而曳尾于涂中乎?《庄子·秋水》

我听说楚地有一只神龟,已死三千年了,楚王用布包好,再用竹编把它装着,藏在庙堂之上。这龟,宁愿死了尊贵地保留着骸骨呢,还是宁愿活着在泥水中摇曳着尾巴?

弃事则形不劳,遗生则精不亏。《庄子·达生》

抛弃世俗的琐事,身体就不会劳累;遗忘人生的烦恼,精神就不会亏损。

昔者有鸟止于鲁郊,鲁君说之,为具太牢以飨之,奏九韶以乐之,鸟乃始忧悲眩视,不敢饮食,此

之谓以己养养鸟也。若夫以鸟养养鸟者,宜栖之深林,浮之江湖,食之以委蛇,则平陆而已矣。《庄子·达生》

从前有只鸟停留在鲁国都城郊外,鲁君很喜爱它,用牛羊猪三牲俱备的规格来款待它,还奏起韶乐,要使它快乐,鸟儿却黯然神伤,头晕目眩,不敢吃东西,这是用别人供养自己的方法来养鸟。真正养鸟的方法,应该是让它栖息在深林,飞翔在江湖之上,让它吃鳅鱼,自由自在地漫步在山野,那么一块平地就够了。

无誉无訾,一龙一蛇,与时俱化,而无肯专为,一上一下,以和为量,蜉游乎万物之祖,物物而不物于物,则胡可得而累邪!《庄子·山木》

没有赞誉,也没有毁谤,或如龙之腾飞,或如蛇之潜藏,随时势而变化,不执着于一端,或进取或退处,以平静和顺为准则,悠然自得,生活在万物的初始状态,按物性去主宰万物,而不为物所役使,这样,怎么会受到拘束和牵累呢?

以利合者,迫穷祸患害相弃也;以天属者,迫穷祸患害相收也。《庄子·山木》

以利益相合的,遇到窘迫、困穷、灾祸、忧患、伤害就会互相抛弃；因天性相连的,遇到窘迫、困穷、灾祸、忧患、伤害会联结得更紧密。

形莫若缘,情莫若率；缘则不离,率则不劳。《庄子·山木》

身形最好的状态是顺其自然,感情最好的状态是真率。顺其自然就不会背离,真率就不用劳神。

夫水之于汋也,无为而才自然矣；至人之德,不修而物不能离焉。若天之自高,地之自厚,日月之自明,夫何修焉!《庄子·田子方》

水,涌出,自然地流淌；至人的德行,不需着意修炼,万物自会随附。就像天自然高,地自然厚,日月自然明,何需修行!

天地有大美而不言,四时有明法而不议,万物有成理而不说。《庄子·知北游》

天地有大美,不能言明；四时有运行法则,无法议论；万物变化有现成规律,无法解说。

圣人处物不伤物,不伤物者,物亦不能伤也。唯无所伤者,为能与人相将迎。山林与,皋壤与,

使我欣欣然而乐与！《庄子·知北游》

圣人与物相处而不伤害，不伤害外物的，外物也不伤害他。正因为无所伤害，才能自然地与人交往。山林啊，大地啊，都能使我欣然快乐。

全汝形，抱汝生，无使汝思虑营营。《庄子·庚桑楚》

保全你的身形，养护你的生命，不要思虑重重、汲汲营营。

不能容人者无亲。《庄子·庚桑楚》

不能容人，就没有可以亲近的人。

夫为天下者，亦奚以异乎牧马者哉，亦去其害马者而已矣。《庄子·徐无鬼》

治理天下的人，就像牧马的人一样，关键是要除去害群之马。

势为天子，未必贵也；穷为匹夫，未必贱也。贵贱之分，在行之美恶。《庄子·盗跖》

有权势的天子，也未必尊贵；穷苦的平民，也未必低贱。贵贱的分别，在于行为的美恶。

《楚辞》18句

屈原(约公元前340—前278年),名平,字原,战国时楚国人。初辅佐楚怀王,做过左徒、三闾大夫。主张彰明法度,举贤授能,联齐抗秦,因此遭谗去职。顷襄王时被放逐,长期流浪湘、沅间。后因楚国都郢被秦兵攻破,他无力挽救国家危亡,又痛感政治理想无法实现,遂投汨罗江而死。所作《离骚》、《九章》等篇,反复陈述他的政治主张,揭露贵族、小人昏庸腐朽和嫉贤妒能的恶行,表现了他对国事的忧思和为理想而献身的精神。《天问》对有关自然现象、社会历史等方面的传统观念,提出怀疑和质问。《九歌》等篇,在吸收民间艺术营养的基础上,创造出"骚体"新形式,以优美的语言、丰富的想象,融会神话传说,塑造了鲜明的形象,富有浪漫精神,对后世影响很大。西汉末刘向辑屈原、宋玉、贾谊等人作品为《楚辞》。

屈原是《楚辞》的代表作家,在中国文学史上具有无可比拟的地位。他的爱国精神,铮铮铁骨和对民生的关切,历来为人们尊崇、凭吊和纪念。本节选取了其最具代表性和最广为传颂的诗句,如:"长太息以掩涕兮,哀民生之多艰","亦余心之所善兮,虽九死其犹未悔","路漫漫其修远兮,吾将上下而求索"等。

纷吾既有此内美兮，又重之以修能。扈江离与辟芷兮，纫秋兰以为佩。汩余若将不及兮，恐年岁之不吾与。朝搴阰之木兰兮，夕揽洲之宿莽。日月忽其不淹兮，春与秋其代序。惟草木之零落兮，恐美人之迟暮。《离骚》

我既有缤纷的美好内质，又注重修习优秀才德。披上江离和白芷香草，连结秋兰作为佩饰。时光流逝，怕是赶不上，唯恐留给我的年华太少。早晨剥取坡上的木兰，傍晚采摘洲畔的宿莽。日月匆匆，不肯稍停，季节交替，秋来春往。眼看着草木渐渐零落，真恐惧美人会很快衰老。

余既滋兰之九畹兮，又树蕙之百亩。畦留夷与揭车兮，杂杜衡与芳芷。冀枝叶之峻茂兮，愿俟时乎吾将刈。虽萎绝其亦何伤兮，哀众芳之芜秽。《离骚》

我栽培了大片兰花，又种植了蕙草百亩。在田垄中种下留夷和揭车，还在其间套种杜衡与芳芷。我期望它们枝干高大、枝叶茂盛，等待着收获的时节。不担心它们枯萎凋零，只哀伤众多的芳草荒芜腐烂。

老冉冉其将至兮，恐修名之不立。《离骚》

老年渐渐到来,只怕美名不能树立。

长太息以掩涕兮,哀民生之多艰。《离骚》

我长长地叹息,掩面流泪,悲哀着民生的艰难。

亦余心之所善兮,虽九死其犹未悔。《离骚》

这些都是我真心所爱,为之九死也不后悔。

路漫漫其修远兮,吾将上下而求索。《离骚》

通向真理的路,漫长而遥远,我将上天入地,不断探索和追寻。

及年岁之未晏兮,时亦犹其未央。恐鹈鴂之先鸣兮,使夫百草为之不芳。《离骚》

要趁着年岁还不迟暮,时令还未尽;只恐怕杜鹃鸟一叫,花草就不再芳香。

帝子降兮北渚,目眇眇兮愁予。袅袅兮秋风,洞庭波兮木叶下。《九歌·湘夫人》

湘夫人降临水的北岸,远远望,望不见,使我愁。秋风轻柔地吹拂,洞庭湖泛起微波,树叶儿纷纷飘落。

悲莫悲兮生别离,乐莫乐兮新相知。《九歌·少司命》

最大的悲哀是生时别离,最大的快乐是结交新知。

青云衣兮白霓裳,举长矢兮射天狼。操余弧兮反沦降,援北斗兮酌桂浆。撰余辔兮高驼翔,杳冥冥兮东行。《九歌·东君》

青云为衣,白虹为裳,高举长弓,射向天狼。持我天弓,阻止祸降,手握北斗,斟满桂浆。挽起缰绳,驰骋飞翔,冥冥夜空,直奔东方。

诚既勇兮又以武,终刚强兮不可凌。身既死兮神以灵,子魂魄兮为鬼雄。《九歌·国殇》

我们的英雄勇烈而威武,始终刚强,不可侵犯;死后仍精神永驻,魂魄勇毅,做鬼也是英雄。

禹之力献功,降省下土方;焉得彼涂山女,而通之于台桑?闵妃匹合,厥身是继;胡维嗜不同味,而快朝饱?《天问》

大禹治水,劳苦功高,从天降临,考察水文。在哪里遇到涂山女子,就在台桑与她通好?男女婚配结合,是为了后继有人。为什么大禹却喜好不同的滋味,要贪恋一朝的欢乐？

登立为帝，孰道尚之？女娲有体，孰制匠之？《天问》

上古帝王登位，是根据什么被推崇？女娲有自己的形体，她的身体是谁人制造？

深固难徙，廓其无求兮；苏世独立，横而不流兮。《九章·橘颂》

深深地扎根大地，坚定不移；心胸开阔广大，不求私利；清醒地独立世间，敢于横渡，绝不随波逐流。

善不由外来兮，名不可以虚作。《九章·抽思》

好品德不是由外而来，要靠自己修养；好名声不会凭空产生，总当实至名归。

朱明承夜兮，时不可以淹。皋兰被径兮，斯路渐。湛湛江水兮，上有枫。目极千里兮，伤春心。魂兮归来，哀江南。《招魂》

白天连着黑夜，时光不可淹留。水边陆地上，兰草覆盖小径；这路，已经被水淹没。江水清清而且深，岸边枫树繁茂。放眼远望千里，春色使人伤心。魂啊，归来吧！

国家正在衰亡,为这春日的江南哀伤!

举世皆浊我独清,众人皆醒我独醒。《渔父》

整个世界都混浊,唯独我清白;众人都醉了,我还清醒。

安能以皓皓之白,而蒙世俗之尘埃乎?《渔父》

怎能让高洁的品德,去蒙受世俗的尘埃?

第六卷

《商君书》
《尹文子》
《荀子》
《韩非子》
《吕氏春秋》

《商君书》3 句

商鞅(约公元前390—前338年),战国时政治家,卫国人,名鞅,亦称卫鞅。后入秦,以战功"封商十五邑",号商君,因称商鞅。他受秦孝公重用,两次变法,奠定了秦国富强的基础。秦孝公死后,被贵族诬害,车裂而死。

《商君书》亦称《商君》或《商子》,主要阐述商鞅的政治思想,也记载了一些秦国的政治与军事制度。商鞅说"疑行无成,疑事无功",表示了变法改革的决心;"法者,所以爱民也;礼者,所以便事也",指出了变法改革的宗旨和出发点。

疑行无成,疑事无功。《商君书·更法》

行事犹疑不决,不会成功。

愚者暗于成事,知者见于未萌。《商君书·更法》

愚笨的人事成之后还糊里糊涂,聪明的人事情萌发之前就可以预知。

法者,所以爱民也;礼者,所以便事也。《商君书·更法》

法度是为了爱护民众而创制,礼制是为了便利行事而设定。

《尹文子》2句

　　尹文子,齐宣王时,曾"居稷下",是诸多"游学之士"中的一位佼佼者。他与宋钘、彭蒙、田骈同学于公孙龙。《尹文子》分上下两篇,认为"道不足以治则用法,法不足以治则用术,术不足以治则用权,权不足以治则用势",主张统治者自处于虚静,并对事物循名核实。其说与黄老刑名之学相近。本节摘引的两句之中,其一认为钟鼓音乐之声与演奏者的心绪相通,颇有见地。

彭蒙曰：雉兔在野，众人逐之，分未定也；鸡豕满市，莫有志，分定故也。《尹文子·大道》

彭蒙说："野外的野鸡和兔，众人都可以去追逐，因为归属未定；市场上的鸡和猪，没有人想抢夺以据为己有，因为归属已定。"

钟鼓之声，怒而击之则武，忧而击之则悲，喜而击之则乐，其意变，其声亦变。意诚感之，达于金石，而况人乎！《尹文子·逸文》

钟鼓音乐之声，发怒时敲击就显得刚武，忧愁时敲击就显得悲哀，高兴时敲击就显得欢乐，击鼓者的思想感情不同，乐声也会跟着变化。人的思想感情，可以使乐器受到感应，何况对于人呢！

《荀子》27句

　　荀子(约公元前313—前238年),战国时思想家、教育家,名况,时人尊而号卿。曾游学于齐,并在稷下讲学,取得稷下首领地位。继赴楚国,用为兰陵令,著书终老。

　　荀子善于学习,能汲取各家之所长。他反对天命鬼神之说,肯定了"天行有常,不为尧存,不为桀亡",提出"制天命而用之"。和孟子"性善"说相对应,他认为人性生来是"恶","其善者伪也",须有"师法之化,礼义之道"方可为善,重视环境和教育对人的影响。《荀子》中《劝学篇》最为脍炙人口。"学不可以已","青,取之于蓝,而青于蓝","吾尝终日而思矣,不如须臾之所学也","不积跬步,无以至千里;不积小流,无以成江海","无冥冥之志者,无昭昭之明;无惛惛之事者,无赫赫之功",皆其中名句。在《王制篇》,他提出"君者舟也,庶人者水也。水则载舟,水则覆舟",予后世统治者以很大的警示。他还提出"公生明,偏生暗",要"行法至坚,不以私欲乱所闻"。在修身方面,他主张"崇人之德,扬人之美","与人善言",认为"非我而当者,吾师也","是是非非谓之知"。相信值得相信的,是信;怀疑应当怀疑的,也是信。尊重贤者,是仁;鄙视不正派者,也是仁。适当地言说,是智慧;适时地沉默,也是智慧。

学不可以已。青,取之于蓝,而青于蓝;冰,水为之,而寒于水。《荀子·劝学篇》

学不可以止息。青色从蓝色中提取,色泽比蓝更青;冰由水凝结而成,却比水更寒。

木受绳则直,金就砺则利;君子博学而日参省乎己,则知明而行无过矣。《荀子·劝学篇》

木材用墨线量过,就可以裁直;金属刀具经砺石的打磨,就更加锋利。君子博学而且每天反省自己,就更加智慧聪明,行为不发生过错。

吾尝终日而思矣,不如须臾之所学也;吾尝跂而望矣,不如登高之博见也。登高而招,臂非加长也,而见者远;顺风而呼,声非加疾也,而闻者彰;假舆马者,非利足也,而致千里;假舟楫者,非能水也,而绝江河。《荀子·劝学篇》

我曾经整天苦思冥想,不如片刻的学习;我曾经踮着脚远望,不如登到高处去看。登高招手,臂膀没有加长,但别人离很远就可以看见;顺风呼喊,声音没有加大,但别人能听得很清楚;借助车马的人,不是腿脚利索,但能够行达千里;借助舟船的人,不是游泳技术高超,却能够横渡江河。

肉腐出虫，鱼枯生蠹，怠慢忘身，祸灾乃作。
《荀子·劝学篇》

肉腐败就会生蛆，鱼干枯就会生蛀虫，懈怠散漫忘了为人准则，灾祸就要发生。

不积跬步，无以至千里；不积小流，无以成江海。骐骥一跃，不能十步；驽马十驾，功在不舍。锲而舍之，朽木不折；锲而不舍，金石可镂。《荀子·劝学篇》

不积累小半步，不能到达千里；不聚集小溪流，不能汇成江海。千里马一跃，不能有十步远；劣马拉车行十日之程，不放弃总会成功。如果刻几下就停下，就连朽木都刻不断；坚持不断地雕刻，金石都可以镂成。

无冥冥之志者，无昭昭之明；无惛惛之事者，无赫赫之功。《荀子·劝学篇》

没有深远的志向，就没有昭明的智慧；不专心致志地做事，就没有显赫的成就。

非我而当者，吾师也；是我而当者，吾友也；谄谀我者，吾贼也。《荀子·修身篇》

反对我而且恰当的，是我的老师；认同我而且恰当的,是我的朋友;谄媚阿谀我的,是我的敌人。

是是非非谓之知,非是是非谓之愚。《荀子·修身篇》

能够肯定对的,否定错的,是智慧;否定对的,肯定错的,是愚昧。

身劳而心安为之,利少而义多为之。《荀子·修身篇》

(做一件事)虽然身体劳累,但能教我心安,就去做;虽然利益少,但能秉持道义,就去做。

道虽迩,不行不至;事虽小,不为不成。《荀子·修身篇》

道路虽近,不行走不能到达;事情虽小,不去做不会成功。

君子宽而不僈,廉而不刿,辩而不争,察而不激,直立而不胜,坚强而不暴,柔从而不流,恭敬谨慎而容。《荀子·不苟篇》

君子宽厚但不怠慢他人,廉洁而不伤害他人,善于辩论却不与人争执,明察事理而不偏激,立身正直但不盛气凌人,坚强而不凶暴,柔顺却不随波逐流,恭敬谨慎而且能包容。

君子崇人之德,扬人之美,非谄谀也;正义直指,举人之过,非毁疵也。《荀子·不苟篇》

君子推崇别人的品德,彰扬别人的美善,这不是谄媚阿谀;坚持正义直言,指出人的过错,也不是诋毁挑剔。

公生明,偏生暗,端悫生通,诈伪生塞,诚信生神,夸诞生惑。《荀子·不苟篇》

公正生清明,偏私生昏暗,忠厚端正生通达,奸诈作伪生闭塞,诚信生神明,夸言荒诞生迷惑。

与人善言,暖于布帛;伤人之言,深于矛戟。《荀子·荣辱篇》

善言暖心,胜过布帛;恶语伤人,胜过利剑。

怨人者穷,怨天者无志。《荀子·荣辱篇》

抱怨别人的人不得志,抱怨上天的人没有志气。

以近知远,以一知万,以微知明。《荀子·非相篇》

从近间的可以推知长远的,从一二可以推知亿万,从细微的可以推知显明的。

君子贤而能容罢,知而能容愚,博而能容浅,粹而能容杂。《荀子·非相篇》

君子贤明而能容纳无能的人,智慧而能容纳愚笨的人,渊博而能容纳浅陋的人,品行纯粹而能容纳品行驳杂的人。

信信,信也;疑疑,亦信也。贵贤,仁也;贱不肖,亦仁也。言而当,知也;默而当,亦知也。《荀子·非十二子篇》

相信值得相信的,是信;怀疑应该怀疑的,也是信。尊重贤者,是仁;鄙视不正派者,也是仁。适当地言说,是智慧;适时地沉默,也是智慧。

古之所谓士仕者,厚敦者也,合群者也,乐富贵者也,乐分施者也,远罪过者也,务事理者也,羞独富者也。《荀子·非十二子篇》

古时所说的士人从政的,必是敦厚的人,与群众关系融洽的人,乐于富贵的人,乐于分享和施舍的人,远离罪错的人,按照事理办事的人,羞于独自富有的人。

士君子所能不能为：君子能为可贵，不能使人必贵己；能为可信，不能使人必信己；能为可用，不能使人必用己。故君子耻不修，不耻见污；耻不信，不耻不见信；耻不能，不耻不见用。是以不诱于誉，不恐于诽，率道而行，端然正己，不为物倾侧，夫是之谓诚君子。《荀子·非十二子篇》

士君子能做的和不能做的事：君子能做到被人尊重，但不能使别人一定尊重自己；能做到被人信任，但不能使别人一定信任自己；能做到被人任用，但不能使别人一定任用自己。因此，君子以没有品德、没有诚信、没有能力为耻，不以被人污蔑、不被人相信、不被任用为耻。所以君子不被名誉诱惑，不被诽谤吓倒，遵循道义行事，端正自己，也不为外物所倾覆，这才是真君子。

行法至坚，不以私欲乱所闻。《荀子·儒效篇》

行为合乎法度，达到坚定的程度，不因私欲歪曲所听到的。

不闻不若闻之，闻之不若见之，见之不若知之，知之不若行之。《荀子·儒效篇》

（对待学问），没听过不如听过，耳闻不如目见，见到不如懂得，懂得不如实行。

君者舟也,庶人者水也。水则载舟,水则覆舟。
《荀子·王制篇》
君王是舟,平民是水。水可以载舟,也可以覆舟。

流丸止于瓯臾,流言止于智者。《荀子·大略篇》
滚动的弹丸,掉进凹陷处就会停住;流言蜚语,传到智者那儿就会停止。

无用吾之所短,遇人之所长。《荀子·大略篇》
不用自己的短处,去抵挡别人的长处。

夫水,大遍于诸生而无为也,似德;其流也埤下,裾拘必循其理,似义;其洸洸乎不淈尽,似道;若有决行之,其应佚若声响,其赴百仞之谷不惧,似勇;主量必平,似法;盈不求概,似正;淖约微达,似察;以出以入,以就鲜絜,似善化;其万折也必东,似志:是故君子见大水必观焉。《荀子·宥坐篇》
水,遍润万物而无所作为,就像德;它流向低处,曲曲折折,必定遵循一定的规律,就像义;它汹涌向前,不会枯竭,就像道;如能疏通堵塞让它畅行,它就会奔腾向前,像回声回应原来的声音一样,奔赴百仞高的山谷也不畏惧,就像勇;注入量器必定很平,就像法;若是盛满容器,不用拿刮板去刮平，就像正；它柔弱细小，无所不达，就像明察；万物在中水淘洗，就会变得光鲜整洁，就像善于教化；它百转千回，终将流向东方，就像志：所以君子见到大水必定观赏。

芷兰生于深林，非以无人而不芳。《荀子·宥坐篇》

芷兰生长在密林深处，不因没人见到而不散发芬芳的幽香。

《韩非子》18句

韩非(约公元前280—前233年),战国末期哲学家,法家的主要代表人物。出身韩国贵族,与李斯一同师事荀卿。曾建议韩王变法图强,不见用。著《孤愤》、《五蠹》、《说难》等十余万言,受到秦王政的重视,被邀出使秦国。不久因李斯、姚贾陷害,自杀于狱中。

韩非吸收了道、儒、墨各家思想,尤其有选择地接受了前期法家思想,集法家学说的大成。他主张"为治者……不务德而务法","赏厚而信,刑重而必";法的制定,应该"编著之图籍,设之于官府,而布之于百姓";法的施行,应该"刑过不避大臣,赏善不遗匹夫"。他综合了商鞅的"法"治、申不害的"术"治、慎到的"势"治,提出以"法"为中心的"法、术、势"三者合一的封建君王统治术,对后世影响很大。《韩非子》五十五篇,二十卷,是后人集其遗著并加入他人评述文章编成。

圣人不期修古，不法常可，论世之事，因为之备。《韩非子·五蠹》

圣人不期望遵行远古的制度，不效法一成不变的惯例，他只根据当世的情势，做好应时的准备。

冰炭不同器而久，寒暑不兼时而至。《韩非子·显学》

冰炭不能装在同一个器皿，寒暑不会在同一个时节到来。

磐石千里，不可谓富；象人百万，不可谓强。《韩非子·显学》

纵有千里磐石，也不能说富有；纵有百万土偶，也不能说强大。

智术之士必远见而明察，不明察不能烛私；能法之士必强毅而劲直，不劲直不能矫奸。《韩非子·孤愤》

智慧而有办法的人，必是有远见而且能明察的，不明察不能照见私下的东西；能执行法令的人必是强毅而且刚直的，不刚直不能纠正奸恶的人事。

木之折也必通蠹,墙之坏也必通隙。然木虽蠹,无疾风不折;墙虽隙,无大雨不坏。《韩非子·亡征》

树木折断必定是由于生了蠹虫,屋墙毁坏必定是由于有了裂缝。然而树木虽生蠹虫,没有大风也不会折断;屋墙虽有裂缝,不遇大雨也不会毁坏。

当今之时,能去私曲、就公法者,则民安而国治;能去私行、行公法者,则兵强而敌弱。《韩非子·有度》

当今之时,能够去除偏邪、私心,遵从公法,就会民众安宁,国家太平;能够摒弃谋私的行为,执行公法,就会兵力强盛并从而战胜敌人。

以法治国,举措而已矣。法不阿贵,绳不挠曲。法之所加,智者弗能辞,勇者弗敢争,刑过不避大臣,赏善不遗匹夫;故矫上之失,诘下之邪,治乱决缪,绌羡齐非,一民之轨,莫如法。《韩非子·有度》

以法治国,关键在于举措得当。法令不偏袒权贵,墨绳不迁就弯曲。执法时,再聪明的人也不能逃避,再勇敢的人也不敢抗争,刑责罪过不回避大臣,奖赏良善不遗漏平民。所以,矫正在上者的过失,追究在下者的罪恶,平定纷乱,解决谬误,削减多余,调整不当,统一民众的轨则,最好的就是法。

人皆寐,则盲者不知;皆嘿,则喑者不知。觉而使之视,问而使之对,则喑盲者穷矣。不听其言也,则无术者不知;不任其身也,则不肖者不知,听其言而求其当,任其身而责其功,则无术不肖者穷矣。《韩非子·六反》

人都在睡觉,则不知道谁是瞎子;都沉默不语,则不知道谁是哑巴。待到都睡醒,让大家观看,提出问题让大家回答,则瞎子哑巴都会显出原形。不听他说话,就不知道他是否有本领;不任用他,就不知道他有无德才。听他说话,审察他是否得当,给他任务,衡量他能否建功,则没有本领和没有德才的人就都显出原形了。

治民者禁奸于未萌,而用兵者服战于民心。《韩非子·心度》

社会治理要在奸邪未萌发之时禁止,用兵打仗要让服从打仗的要求深入民心。

不恃外之不乱也,恃其不可乱也。《韩非子·心度》

依恃的不是敌人不来侵犯，而是让来犯者无机可乘。

焚林而畋，偷取多兽，后必无兽；以诈遇民，偷取一时，后必无复。《韩非子·难一》

焚烧树林，猎取很多野兽，之后就不会再有兽类了；以欺诈手段对待民众，只能得逞一时，失信于民，就不会再有下回了。

知下明则禁于微，禁于微则奸无积，奸无积则无比周，无比周则公私分，公私分则朋党散，朋党散则外无障距、内无比周之患。知下明则见精沐，见精沐则诛赏明，诛赏明则国不贫。《韩非子·难三》

对下明察了解就可以防微杜渐，防微杜渐奸邪就不能积聚，奸邪无法积累就没有结党营私，没有结党营私公私就分明，公私分明朋党就涣散，朋党离散就外无阻塞隔绝、内无结党营私的祸害。对下明察了解就所见清明，所见清明赏罚就分明，赏罚分明国家就不会贫困。

观听不参，则诚不闻；听有门户，则臣壅塞。《韩非子·内储说》

观行听言如不加以验证，就不会了解真实的情况；如果只听信片面之词,就会受到臣属的蒙蔽。

火形严,故人鲜灼;水形懦,故人多溺。《韩非子·内储说》

火形严酷,所以少有人被灼伤;水形绵柔,所以多有人被淹溺。

齐宣王使人吹竽,必三百人,南郭处士请为王吹竽,宣王说之,廪食以数百人。宣王死,湣王立,好一一听之,处士逃。《韩非子·内储说》

齐宣王听人吹竽,必须要三百人齐奏。南郭处士请求加入。宣王很高兴,给他和另外几百人同样的酬劳。宣王死后,湣王即位,他喜欢听每个人轮流独奏。其实不善吹竽的南郭处士只好逃走。

良药苦于口,而智者劝而饮之,知其入而已己疾也;忠言拂于耳,而明主听,知其可以致功也。《韩非子·外储说》

良药苦口,智者仍然勉励自己饮下,因为知道喝下去可以治好他的疾病;忠言逆耳,明主愿意听取,因为知道可以因而达致成功。

树橘柚者，食之则甘，嗅之则香；树枳棘者，成而刺人。故君子慎所树。《韩非子·外储说》

种植橘柚的，吃着甘甜，闻着也香；种植枳棘，长成了还扎人。所以君子对自己所种植的十分慎重。

恃人不如自恃也；人之为己者不如己之自为也。《韩非子·外储说》

靠别人不如靠自己，指望别人为自己做不如自己去做。

《吕氏春秋》26句

《吕氏春秋》,亦称《吕览》,战国末秦相吕不韦集合门客共同编写。全书共二十六卷,分十二纪、八览、六论,共一百六十篇。"兼儒墨,合名法",汇合先秦各派学说,是杂家代表作。此书虽然驳杂繁复,却也包含不少精辟的观点和言辞。比如:"天下非一人之天下也,天下之天下也","义之大者莫大于利人,利人莫大于教","临大利而不易其义,可谓廉矣","豪士之自好者,其不可漫以污也","治国无法则乱,守法而弗变则悖","防民之口,甚于防川"等,对于治国理政者,都很有参考价值。又如"流水不腐,户枢不蠹",不要"扬汤止沸",不要"竭泽而渔",贵于"以近知远,以今知古",要"于安思危"等,对我们每个人,都是有益的启示。

今世之惑主,多官而反以害生,则失其所为立之矣。《吕氏春秋·孟春纪·本生》

现在那些糊涂的君主,任用了很多官员,反而危害众生,这就违背了设立官吏的初衷。

天下非一人之天下也,天下之天下也。阴阳之知,不长一类;甘露时雨,不私一物;万民之主,不阿一人。《吕氏春秋·孟春纪·贵公》

天下,是属于所有人的,不是一人所私有。阴阳和顺,不会只生长同一类生物;雨露普沾,不会偏私一种东西;君主统治大众,不会偏爱一人。

其于物也,不可得之为欲,不可足之为求,大失生本。《吕氏春秋·仲春纪·情欲》

对于外物的欲求,总是执着于不可得、不可满足的东西,这会大大丧失生命的根本。

流水不腐,户枢不蠹。《吕氏春秋·季春纪·尽数》

流动的水不会腐败,经常转动的门轴不会生蛀虫。

扬汤止沸,沸愈不止;去其火,则止矣。《吕氏春

秋·季春纪·尽数》

烧开的水,把它舀起来再倒回去,并不能使它停止滚沸;停止烧火才是使它彻底不再沸腾的办法。

义之大者莫大于利人,利人莫大于教;知之盛者莫大于成身,成身莫大于学。《吕氏春秋·孟春纪·尊师》

最大的义是有利于人,最为有利于人的是教育;最高的智慧是修身养性,最足以修身养性的是学习。

临大利而不易其义,可谓廉矣。廉,故不以贵富而忘其辱。《吕氏春秋·仲冬纪·忠廉》

面对大的利益还能不改大义,可以说是廉洁。因为廉洁,所以他不因富贵而忘掉耻辱。

今之于古也,犹古之于后世也;今之于后世,亦犹今之于古也。故审知今则可知古,知古则可知后。《吕氏春秋·仲冬纪·长见》

现在与过去的关系,就像过去与未来的关系;现在与未来的关系,也像现在与过去的关系。所以审视现在就可以知道过去,了解过去也就可以知道未来。

石可破也,而不可夺坚;丹可磨也,而不可夺赤。……豪士之自好者,其不可漫以污也,亦犹此也。《吕氏春秋·季冬纪·诚廉》

石头可以破碎,但不能改变它坚硬的本性;丹砂可以磨损,但不能消减它赤红的色泽。……豪杰之士自重自爱的品质,不能被玷污毁谤,正如石头与丹砂一样。

祸福之所自来,众人以为命,安知其所!夫覆巢毁卵,则凤凰不至;刳兽食胎,则麒麟不来;干泽涸渔,则龟龙不往。《吕氏春秋·有始览·应同》

祸福自己降临,众人都以为这是天命,不知道它们为什么来。翻倒鸟巢,毁坏鸟卵,凤凰就不会再来;宰杀兽类,吃掉幼崽,麒麟就不会再来;抽干池水,捕尽鱼虾,龟和龙也就不会再去。

君虽尊,以白为黑,臣不能听;父虽亲,以黑为白,子不能从。《吕氏春秋·有始览·应同》

君王虽然尊贵,但若把白说成黑,臣属就不能听从;父亲虽然血缘接近,但若把黑当成白,儿子就不能依从。

空中之无泽陂也,井中之无大鱼也,新林之无长木也。凡谋物之成也,必由广大众多长久,信

也。《吕氏春秋·有始览·谕大》

孔穴中不会有池沼,井中不会有大鱼,新栽植的树林里不会有大树。凡是谋划事情取得成功的,必定是从广大、众多、长远处着眼,这是确定无疑的。

审近所以知远也,成己所以成人也。《吕氏春秋·孝行览·本味》

审视近处才能知晓远处,成就自己才能成就他人。

竭泽而渔,岂不获得,而明年无鱼;焚薮而田,岂不获得,而明年无兽;诈伪之道,虽今偷可,后将无复。《吕氏春秋·孝行览·义赏》

放干池水捕鱼,虽然可有收获,但明年就不会再有鱼;焚烧丛林来打猎,当然也有收获,但明年就不会再有野兽;用欺诈做假的办法,虽然能够一时可行,但不会再有下一回了。

于安思危,于达思穷,于得思丧。《吕氏春秋·慎大览·慎大》

安逸时要想到危难的时候,发达时要想到穷困的时候,得到时要想到丧失的时候。

善说者陈其势,言其方。《吕氏春秋·慎大览·报更》

善于游说的人,擅长讲明情势,擅长提供解决问题的方法。

贵以近知远,以今知古,以所见知所不见。故审堂下之阴,而知日月之行,阴阳之变;见瓶水之冰,而知天下之寒,鱼鳖之藏也;尝一脔肉,而知一镬之味,一鼎之调。《吕氏春秋·慎大览·察今》

难能可贵的是能从近知道远,从今知道古,从眼前所见的推知见不到的。所以审察堂下的影子,就能知道日月的运行,阴阳的变化;看到瓶里的水结冰,就能知道天气寒冷,鱼鳖藏匿;品尝一块肉,就能知道一锅肉的味儿。

治国无法则乱,守法而弗变则悖,悖乱不可以持国。世易时移,变法宜矣。《吕氏春秋·慎大览·察今》

治理国家没有法度就会混乱,固守法度而没有改变就会有谬误,出现混乱和谬误,国家就保守不住。社会、时代变化了,就应该"变法"。

良剑期乎断,不期乎镆铘;良马期乎千里,不期乎骥骜。《吕氏春秋·慎大览·察今》

好剑只期望能斩断东西，不期望一定是莫邪名剑；好马只期望能行千里，不期望一定有骥、骜的美名。

国之兴也，天遗之贤人与极言之士；国之亡也，天遗之乱人与善谀之士。《吕氏春秋·先识览·先识》

国家兴盛之时，上天就会为它送来贤能的人和能讲真话的人士；国家衰亡之际，上天就会给它送来乱臣贼子和阿谀奉承的人。

人主之患，必在任人而不能用之，用之而与不知者议之也。《吕氏春秋·审分览·知度》

国君的祸患，必定在于委任人官职却不用他做事，用他做事却又同不了解他的人随意议论他。

有鸟止于南方之阜，其三年不动，将以定志意也；其不飞，将以长羽翼也；其不鸣，将以览民则也。是鸟虽无飞，飞将冲天；虽无鸣，鸣将骇人。《吕氏春秋·审应览·重言》

有一只鸟栖息在南方的土山上，它三年不动，是为了安定意志；它不飞，是为了长大翅膀；它不鸣，是为了观察治民的法则。这鸟虽然还没有飞，一飞就可以冲天；虽然还没有鸣，一鸣就可以惊人。

礼烦则不庄,业烦则无功,令苛则不听,禁多则不行。《吕氏春秋·离俗览·适威》

礼太繁杂就不庄重,事太繁杂就不成功,令太苛刻就没人听,禁得太多就不能施行。

群狗相与居,皆静无争;投以炙鸡,则相与争矣。《吕氏春秋·离俗览·为欲》

一群狗待在一起,不争不闹,只要投下一只烧熟的鸡,就会互相争夺起来。

人固难全,权而用其长者。《吕氏春秋·离俗览·举难》

没有全能的、完美无缺的人,应该衡量之后,用他的长处。

防民之口,甚于防川。川壅而溃,败人必多,夫民犹是也。是故治川者决之使导,治民者宣之使言。《吕氏春秋·恃君览·达郁》

阻止民众的言论,比堵塞大河造成的泛滥更严重。河水壅塞,就冲决堤坝,必定会伤害极多的人,禁止民众讲话也是这样。因此治水重在疏导,治民要使人说话。

参考书目

《诸子集成》,上海书店1986年影印版
《易经入门》,文化艺术出版社1988年版
《周易·四书禅解》,团结出版社1996年版
《易经》,中国文史出版社2003年版
《尚书译注》,四川人民出版社1982年版
《诗经体注·朱熹集传》,上海福记书店1915年版
《诗经选》,人民文学出版社1956年版
《诗经选注》,北京出版社1981年版
《周礼·仪礼·礼记》,岳麓书社1989年版
《春秋三传》,上海古籍出版社1987年版
《左传选》,中华书局1963年版
《春秋左传》,云南人民出版社2016年版
《古诗源》,会文堂线装石印本
《老子本义》,《诸子集成》本
《老子校释》,中华书局1984年版

《老子》,中国文史出版社2003年版
《管子校正》,《诸子集成》本
《管子选注》,吉林人民出版社1975年版
《管子注释》,广西人民出版社1982年版
《晏子春秋校注》,《诸子集成》本
《晏子春秋》,华龄出版社2002年版
《论语正义》,《诸子集成》本
《论语译注》,中华书局1958年版
《四书》,中国文史出版社2003年版
《孙子十一家注》,《诸子集成》本
《十一家注孙子》,中华书局1962年版
《孙子兵法新注》,中华书局1977年版
《吴子》,《诸子集成》本
《武经七书注释》,解放军出版社1986年版
《墨子闲诂》,《诸子集成》本
《列子注》,《诸子集成》本
《列子集释》,中华书局1979年版
《孟子正义》,《诸子集成》本
《孟子正义》,河北人民出版社1986年版
《庄子集解》,《诸子集成》本
《庄子》,中国文史出版社2003年版
《庄子奥义》,江苏文艺出版社2008年版
《楚辞集注》,四库馆1868年版
《楚辞选》,古典文学出版社1956年版
《商君书》,《诸子集成》本

参考书目

《商君书锥指》,中华书局1986年版
《尹文子》,《诸子集成》本
《尹文子》,上海古籍出版社1990年版
《荀子集解》,中华书局1988年版
《荀子简注》,上海人民出版社1974年版
《韩非子》,中国文史出版社2003年版
《韩非子选》,上海人民出版社1974年版
《吕氏春秋》,《诸子集成》本
《吕氏春秋》,中国文史出版社2003年版

图书在版编目(CIP)数据

国学经典500句 / 马超骏编译. —上海:上海社会科学院出版社,2017
 ISBN 978-7-5520-2170-7

Ⅰ.①国… Ⅱ.①马… Ⅲ.①古汉语-名句 Ⅳ.①H164

中国版本图书馆CIP数据核字(2017)第266205号

国学经典500句

编　　译：马超骏
责任编辑：应韶荃　陈慧慧
封面设计：周清华
出版发行：上海社会科学院出版社
　　　　　上海顺昌路622号　邮编200025
　　　　　电话总机 021 - 63315900　销售热线 021 - 53063735
　　　　　http://www.sassp.org.cn　E-mail:sassp@sass.org.cn
照　　排：南京前锦排版服务有限公司
印　　刷：上海新文印刷厂
开　　本：787×1092毫米　1/32
印　　张：6.75
字　　数：121千字
版　　次：2017年11月第1版　2018年3月第2次印刷

ISBN 978-7-5520-2170-7/H·043　　定价：28.00元

版权所有　翻印必究